Manual de Direito
Econômico e Financeiro

Manual de Direito Econômico e Financeiro

2014

Janahim Dias Figueira

MANUAL DE DIREITO ECONÔMICO E FINANCEIRO
© Almedina, 2014

AUTOR: Janahim Dias Figueira
DIAGRAMAÇÃO: Almedina
DESIGN DE CAPA: FBA
ISBN: 978-856-31-8266-1

Dados Internacionais de Catalogação na Publicação (CIP)
(Câmara Brasileira do Livro, SP, Brasil)

Figueira, Janahim
Manual de direito econômico e financeiro /
Janahim Figueira. -- 1. ed. -- São Paulo :
Almedina, 2014.
Bibliografia.
ISBN 978-85-63182-66-1
1. Direito econômico - Brasil 2. Direito
financeiro - Brasil I. Título.

14-06204   CDU-34:336:33(81)

Índices para catálogo sistemático:
1. Brasil : Direito econômico 34:336:33(81)
2. Brasil : Direito financeiro 34:336:33(81)

Este livro segue as regras do novo Acordo Ortográfico da Língua Portuguesa (1990).

Todos os direitos reservados. Nenhuma parte deste livro, protegido por copyright, pode ser reproduzida, armazenada ou transmitida de alguma forma ou por algum meio, seja eletrônico ou mecânico, inclusive fotocópia, gravação ou qualquer sistema de armazenagem de informações, sem a permissão expressa e por escrito da editora.

Agosto, 2014

EDITORA: Almedina Brasil
Rua Maria Paula, 122, Cj. 207/209 | Bela Vista | 01319-000 São Paulo | Brasil
editora@almedina.com.br
www.almedina.com.br

Impressão e acabamento
Digital Page Gráfica e Editora Ltda.

DEDICATÓRIA

A Deus, razão do meu viver,
Aos meus pais Rubens e Alda, por ser quem sou,
A Flávia, amor de minha vida,
Ao meu irmão Leonardo, presença constante,
A todos os que me ajudam e ajudaram, meus agradecimentos

PREFÁCIO

Prof. Dr. Adalberto Simão Filho[1]

Tive a satisfação de receber o gentil convite formulado pelo Professor Janahim Dias Figueira para prefaciar esta obra que intitulou de Manual de Direito Econômico e Financeiro e, com honra e satisfação aceitamos não só porque tendo o Autor sido aluno do curso de pós graduação em direito empresarial das Faculdades Metropolitanas Unidas de São Paulo, que à época estava sob nossa coordenação, quando então tivemos a oportunidade de um estreito contato, detectando as suas qualidades científicas e acadêmicas de destaque e a vontade de prosperar no campo do magistério, como também porque, posteriormente, veio o mesmo a integrar o corpo docente desta Instituição de Ensino, onde se estreitaram os laços acadêmicos e contatos.

Talvez em razão de sua formação e características pessoais, o Professor Janahim é um idealista. Egresso na graduação de conceituada universidade europeia, não abandonou as suas raízes de Coimbra e, talvez ali tenha adquirido o amor pela pesquisa séria no campo jurídico, quanto teve a oportunidade

---

[1] Mestre e Doutor em direito das relações sociais pela PUC/SP. Pós-doutor pela Faculdade de Direito da Universidade de Coimbra-Portugal. Professor Titular IV com grau de Professor Emérito, do programa de pós-graduação e mestrado das Faculdades Metropolitanas Unidas – FMU/SP. Professor do programa de mestrado da Universidade de Ribeirão Preto-UNAERP/S. Professor dos Programas de pós graduação em contratos e em direito empresarial da PUC/COGEAE. Membro de número da Inter American Academy of International and Comparative Law. Sócio Fundador de Simão Filho Advogados Associados em São Paulo.

não só de ter contato direto com grandes mestres do direito, como também com a incrível biblioteca com centenárias obras e material de pesquisa local.

Atualmente elabora com autores de escol, uma obra coletiva na área de direito empresarial, a demonstrar a vontade de atualização e a constância de sua produção acadêmica, confirmando a qualidade de pesquisador.

Pensamos que esta obra prefaciada não faz juz ao título, pois a mesma se encontra em patamar superior ao que se pode esperar de um simples manual, destes que corriqueiramente se publicam, sem qualquer trato científico e com pouco aprofundamento ou informação, em total descompromisso com a doutrina e a ciência.

Apesar de recente se iniciar nesta seara da escrita de textos jurídicos, o Professor Janahim não descuidou de uma metodologia adequada no desenvolvimento de sua obra. O resultado foi plenamente satisfatório, pois poderá agradar tanto aquele que apenas pretende noções básicas de certos institutos jurídicos, na área da ciência jurídica econômica e financeira, como também os lidadores do direito que necessitam de um tratamento sistemático da matéria.

A Opção de sistematização do Autor foi dividir os assuntos em grandes temas apresentados em forma de capítulos estanques, todavia interligados, sem a pretensão de esgotá-los mas efetuando um expressivo aprofundamento, cujo resultado está bem apropriado para o estudante e o profissional de nosso tempo.

No primeiro capítulo a vertente que se convencionou denominar de direito econômico é vista como um conjunto normativo que rege as medidas de política econômica concebidas pelo Estado para disciplinar o uso racional dos fatores de produção, com o fito de regular a ordem econômica interna e externa.

A disciplina do direito econômico, nesta visão espacial, passa assim a também abranger as normas que regulam os monopólios e oligopólios, fusões e incorporações, alem da legislação que visa impedir a concorrência desleal.

São então verificados e destacados pelo Autor, os reflexos da manipulação de preços e condutas de mercado pelas corporações, objetivando maior transparência e melhor regulação do assunto. Estas questões foram pontuadas pelo tratamento constitucional relativo à ordem econômica e financeira e completadas pela visão conjunta dos Arts. 170 e Art.181 da Constituição Federal e de seus princípios de relevo, preponderando àquele relacionado à livre iniciativa.

A influência do Estado nas relações socioeconômicas, característica basilar do direito econômico, demonstra os principais pontos desta novel ciência anotando-se a recenticidade, singularidade apropriada ao fato econômico de cada pais, mutabilidade normativa, maleabilidade, ecletismo e concretismo. Na sistematização proposta, são apresentados os relevantes princípios de Direito econômico como o da economicidade, eficiência e generalidade.

Há o tratamento específico dado pelo Autor aos oligopólios em suas abrangentes formas, com a consequente análise de seus efeitos sobre os mercados, bem como de práticas abusivas, alem de um estudo sobre a descentralização e a desconcentração na administração pública a partir das autarquias, empresas públicas e privadas alem das sociedades de economia mistas, com enfoque na adoção de medidas pertinentes para se evitar o abuso do poder econômico.

No capítulo dois encontra-se a matéria relativa às estruturas e ao direito concorrência, centralizada no Brasil e na atual lei n.12.529/11. Nesta oportunidade, apresentam-se as praticas restritivas de mercado na sua forma horizontal e vertical e a forma de controle estrutural da concentração empresarial desenvolvida pelo CADE, com vistas à prevenção e repressão, analisando-se súmulas e atos de concentração alem da própria reestruturação deste organismo, por força da nova lei, no que tange aos procedimentos internos.

Uma revisão dos princípios da ordem econômica é efetivada com mais aprofundamento no capítulo três como preparo para o capítulo quatro subsequente onde a abordagem da defesa da concorrência do ponto de vista das concentrações econômicas reprimidas, consentidas ou estimuladas é ofertada ao leitor.

No capítulo cinco encontra-se o desenvolvimento da atividade financeira do Estado no âmbito do que hoje se convenciona denominar de direito penal econômico. Entende o Autor que o bem juridicamente protegido por este setor de direito penal, tem um caráter supraindividual com conteúdo econômico empresarial e, somente em casos especialíssimos haveria um componente de índole individual.

A consequência se dá no fato de que o direito penal econômico não protegerá ou tutelará a realização do fenômeno econômico em si, mas a integridade da ordem econômica que, se rompida gerará a sanção.

Ao apresentar os fundamentos do direito penal econômico, o Autor optou pela visão material e legal, trazendo na sequência, os bens e interesses protegidos pelas normas de direito penal econômico que se relacionam com a manutenção da própria ordem com reflexos na economia popular e nos sistemas financeiro, previdenciário, tributário e de consumo.

Partindo dos elementos clássicos de estruturação do tipo penal, o Autor apresenta a sua visão do que seria no âmbito econômico o fato típico (e, ainda, a tipicidade omissiva), a conduta, o resultado, o nexo de causalidade, passando a verificar sob outra ótica a ocorrência de crimes formais, crimes de dano e crimes de perigo e os tipos penais abertos e fechados, além das denominadas normas penais em branco. Na avaliação das excludentes de tipicidade o Autor aborda não só a atipicidade como também as circunstancias excludentes, elencando-as uma a uma, sob a ótica do direito penal econômico.

A análise da antijuridicidade ou ilicitude da conduta também mereceu um tratamento atento, assim como foram tratadas as excludentes clássicas de ilicitude tais como o estado de necessidade, legitima defesa, estrito cumprimento do dever legal e exercício regular de um direito.

Ingressa na avaliação da culpa e no debate a respeito de ser esta um elemento do conceito analítico de crime ou mero pressuposto da pena, optando para avaliar a culpabilidade do ponto de vista do fundamento da pena, incorrendo assim em seus elementos normativos clássicos consistentes da capacidade de culpabilidade, a consciência da ilicitude e a exigibilidade da conduta adequada ao direito.

Estes elementos da culpabilidade como a imputabilidade, potencial consciência da ilicitude e exigibilidade de conduta diversa, são então investigados pelo Autor que, após, passa a avaliar as excludentes da culpabilidade em face da criminalidade econômica e a responsabilidade penal pela atuação em nome de terceiros, sem se descuidar da responsabilidade penal da pessoa jurídica que é assunto de destaque no cenário jurídico atual, haja vista entre outras, as legislações, a exemplo da lei de proteção ao meio ambiente, que penalizam especificamente a pessoa jurídica na esfera penal.

No capítulo seis ingressa-se no direito financeiro a partir de uma investigação sobre a etimologia da palavra finança como o fim das relações jurídicas ou, ainda, no sentido apropriado às finanças públicas derivado de recursos e despesas do Estado.

Apresenta-se nesta oportunidade a evolução do conceito de atividade financeira do estado até o adentrar no período moderno que é caracterizado pelas finanças funcionais com influencia direta na conjuntura econômica a exemplo dos tributos com fim extrafiscal e do intervencionismo estatal com vista a aumento ou redução de carga tributária; discriminação por tributação gravosa, intervencionismo por amputação em razão do aumento de carga tributária sobre rendas e heranças ou por redistribuição pelo sistema de subvenção.

Passa-se a investigar os serviços públicos do ponto de vista da necessidade pública que é devidamente classificada e das formas de atividade da administração pública. Neste ponto avalia-se a intervenção do estado no domínio econômico a partir do preceito do Art. 173 da Constituição Federal para regular, incentivar e planejar as atividades.

O exercício do poder de polícia como atividade própria da administração publica destinada a limitar a ação de particulares, obrigando-os à adequação aos interesses decorrentes do sistema normativo, é visto juntamente com o sistema de documentação jurídica e atividades instrumentais devidas ao Estado.

A partir de uma relação entre a ciência das finanças e o direito financeiro o Autor desenvolve dados sobre a teoria do fisco e da tributação, apresentando uma divisão sistemática do que se poderia verificar em direito financeiro passando-se a avaliar a questão das receitas públicas tributárias e não tributária, alem das competências, apresentando as definições clássicas sobre impostos, taxas, contribuições de melhoria, teoria dos preços e tarifas, sempre para a melhor compreensão do escopo proposto.

Avaliam-se as receitas e resultados financeiros decorrentes de uso de bens públicos, obras públicas, pedágios, transporte público, serviços de fornecimento e despesas públicas, propondo-se peculiar classificação neste tema.

Passa-se a tratar do orçamento a partir de seu conceito e evolução, investigando-se a sua natureza jurídica para adentrar na equação gastos públicos verso orçamento à luz dos princípios de direito administrativo e do sistema de controle externo de orçamento, culminando-se na análise do plano plurianual e da lei de diretrizes orçamentárias.

A tramitação legislativa da proposta orçamentária é analisada passo a passo até a fase das vedações e aprovação. A divergência doutrinária a respeito do orçamento é apresentada assim como o sistema de controles e de fiscalização financeira, contábil e orçamentária com vistas a se detectar a responsabilidade fiscal.

Neste ponto são também alcançados os temas correlatos de realce, como gestão, transparência, escrituração, prestação de contas, aplicações e sanções. Um tópico sobre o Tribunal de contas e sua importância e função é apresentado. A requisição de verbas para pagamentos a credores de pessoa jurídica de direito publico por meio de precatórios faz também parte do estudo assim como a análise da estrutura de dividas publicas e operações de crédito junto ao FMI.

Finaliza-se a obra com um estudo, ainda que breve, do crédito público a partir de uma visão evolutiva e dos seus principais elementos como a confiança e o prazo. Investiga-se a natureza contratual do empréstimo publico efetuando-se a classificação e avaliando-se as fases e as suas condições de pagamento e garantias. A conversibilidade do empréstimo a luz dos aspectos econômicos financeiros e os assuntos inerentes à divida publica foram explicados a partir de uma visão constitucional e metodológica a demonstrar a qualidade do pesquisador e a facilidade da escrita que contribui para que a obra possa se inserir neste espaço destinado aos estudos de relevo no âmbito do direito pátrio.

São Paulo, Outono de 2014

Prof. Dr. ADALBERTO SIMÃO FILHO

APRESENTAÇÃO

Luis Guilherme Pereira[2]

Foi com enorme satisfação que recebi o convite do Professor Janahim Dias Figueira para redigir a apresentação à presente obra. Amigo de longa data, dos saudosos tempos de Tavira e Coimbra, tenho acompanhado, ainda que à distância, o rápido desenvolvimento da sua carreira acadêmica, que tem somado ao longo dos últimos anos importantes conquistas. Isso constitui o reflexo, inequívoco, do seu brilhantismo e competência.

O presente Manual de Direito Econômico e Financeiro que agora vê a luz do dia representa mais um marco nessa sua trajetória exitosa.

A obra combina na perfeição todos os predicados que devem estar presentes num *Manual*: apresenta uma abordagem didática, objetiva e clara dos temas tratados, sem descurar, sempre que necessário, o aprofundamento dos temas mais relevantes e polêmicos. Neste sentido, o presente *Manual* apresenta-se de uma utilidade extrema, constituindo uma importante ferramenta tanto para alunos da graduação como para os operadores do direito em geral.

É imperioso, ainda, destacar o mérito acrescido do autor ao lançar esta obra, pois identifica e tenta preencher um enorme vácuo existente atualmente no panorama doutrinário nacional, que no âmbito do Direito Econômico

---

[2] Mestre em Direito pela UFBA/BA. Professor de Processo Civil e Direito Empresarial da Faculdade Ruy Barbosa/BA. Professor de Processo Civil do Programa de Pós-Graduação da Universidade Salvador – UNIFACS/BA.

e Financeiro, ao contrário do que acontece com a esmagadora maioria dos outros ramos do direito, não oferece aos estudiosos do direito nenhuma obra de referência com tipologia e pretensão semelhante à que agora se publica.

Do que antecede, não tenho dúvidas de que o presente *Manual* alcançará rapidamente um lugar de referência na doutrina nacional atinente ao tema, tornando-se uma obra de leitura obrigatória para todos aqueles que pretendem iniciar o estudo do Direito Econômico e Financeiro ou que com ele trabalhem regularmente.

Prof. Dr. Luis Guilherme Pereira

Salvador, Outono de 2014.

1 – DIREITO ECONÔMICO

1.1 – A INTRODUÇÃO

Direito Econômico é o ramo do direito que se compõe das normas jurídicas. A norma jurídica é a célula do ordenamento jurídico (corpo sistematizado de regras de conduta, caracterizadas pela coercitividade e imperatividade).

O Estado atua na economia, exercendo diretamente uma atividade econômica, ou como um agente regulador da atividade econômica.

O pressuposto basilar para o estudo do direito econômico é o de se saber definir justamente o que é o direito econômico, que é o estudo da ação do Estado na economia.

Tendo por base a história recente, principalmente dos dois últimos séculos, se percebe que o Estado tomou diferentes formas e conteúdos.

É um imperativo de conduta, que coage os sujeitos a se comportarem da forma por ela esperada e desejada. Assim, podemos conceituar o direito econômico como o ramo do direito público que disciplina a condução da vida econômica da Nação, tendo como fnalidade o estudo, o disciplinamento e a harmonização das relações jurídicas entre os entes públicos e os agentes privados, detentores dos fatores de produção, nos limites estabelecidos para a intervenção do Estado na ordem econômica.

Outrossim, podemos conceituar, subjetivamente, o direito econômico como o ramo jurídico que disciplina a concentração ou coletivização dos bens de produção e da organização da economia, intermediando e compondo o ajuste de interesses entre os detentores do poder econômico privado e os entes públicos.

Podemos definir, ainda, objetivamente o direito econômico como o conjunto normativo que rege as medidas de política econômica concebidas pelo Estado para disciplinar o uso racional dos fatores de produção, com o fito de regular a ordem econômica interna e externa.

A produção é a atividade da combinação dos diversos factores de que têm como finalidade satisfazer as necessidades do ser humano. e a a circulação bens de consumo de produtos e serviços com vista ao desenvolvimento econômico do país jurisdicionado, especialmente no que diz respeito ao controle do mercado local no qual agentes econômicos procedem à troca de bens por uma unidade monetária ou por outros bens.

Os mercados tendem a equilibrar-se pela lei da oferta e da procura.interno, a luta e disputa lá estabelecida entre as empresas, bem como nos acertos e arranjos feitos para explorarem o mercado

O Direito economico traz normas, portanto, que regulam os monopólios e oligopólios, fusões e incorporações, tentando impedir a concorrência desleal, a manipulação de preços e mercado pelas corporações, através da maior transparência e regulação do assunto.

A atuação do Estado na economia não é arbitrária, não podendo ser levada de forma egoística por parte do governante, asism como o particular poderá prestar um serviço público, seja nas hipóteses em que essa prestação é livre (ex. Hospitais, escolas, etc.), seja por concessão.

Em resumo, a atividade econômica é qualquer atividade produtora de riquezas, que se opera por meio de transformação de produtos já existentes para a criação de novos produtos.

No âmbito legal, a Constituição Federal de 1988 é quem regula a atividade do direito econômico, no seu artigo 24, I, que é de competência da União, dos Estados e do Distrito Federal legislar concorrentemente sobre o direito econômico.

O moderno direito não mais cabe na estreita divisão do *Digesto de Ulpiano* entre o que é direito público e o que é o direito privado, o direito econômico, o direito do trabalho, o direito do sistema financeiro e o do direito do consumidor, estão em um campo jurídico intermediário, que nemé totalmente público nem absolutamente privado.

Como o moderno Estado tem em si uma ação positivista na economia e as suas Constituições são de caráter dirigente, deve então ser reputado como o mais adequado o seu estudo como um ramo autônomo.

No Brasil, porque é um fundamento constitucional da ordem econômica a livre iniciativa (art. 170, *caput*), bem como a propriedade privada é princípio dessa mesma ordem econômica (art. 170, II), além das hipóteses expressamente previstas na Constituição, o Estado apenas deverá explorar diretamente a atividade econômica quando necessária aos imperativos da segurança nacional ou a relevante interesse coletivo.

1.2 – A CONSTITUIÇÃO FEDERAL DE 1988 Vs. A ORDEM ECONÔMICA

A intervenção do Estado na ordem econômica somente se legitima na realização do interesse público. Em outras palavras, somente há que se falar em interferência do poder público no processo de geração de riquezas da nação quando esta se der nos interesses do seu povo, a fim de garantir a persecussão do bem-estar social.

No que tange à nossa atual consituição, perfazendo-se uma sistemática dos dispositivos que disciplinam a Constituição Econômica, seja em sentido material ou formal, depreende-se que a interferência do poder público na vida econômica da nação somente se justifica quando visar maiores fins de interesse coletivo, nomeadamente o atendimento das necessidades da população.

Nessa linha, vale transcrever por ilustração, a Constituição Federal de 1988, que trata especialmente da atividade econômica, entre os seus artigos 170 e 181, aí elencando princípios gerais, estatuto jurídico da empresa pública, da sociedade de economia mista e de suas subsidiárias, os monopólios da União, dentre outros assuntos, mas, principalmente o de se determinar ao Estado uma função de agente normatico e de regulação da atividade econômica.

O cerne do direito econômico está no Título VII da Constituição Federal, nos seus artigos 170 a 192, consagrando aí a ordem econômica e financeira.

O Título VII está dividido em quatro capítulos. Além dos princípios gerais da atividade econômica, previstos nos artigos 170 a 181, a Constituição Federal de 1988 trata também da politica urbana, da política agrícola e fundiária e da reforma agrária e do sistema financeiro nacional.

A atividade econômica é baseada na livre iniciativa, significando que como regra geral, o Estado não exercerá de forma direta a atividade econômica, pertencendo essa regulação ao setor privado. Mas esse principio não significa que o particular possa fazer o que bem entender de forma discricionária, existem sim limitações a essa princípio.

A existência de principios limitadores, como o do poder de policia, não contradiz o principio da livre iniciativa, a regulação da atividade econômica pelo Estado, e maior ou menor grau, sempre foi, é e será indispensável para a salutar manutenção do sistema capitalista. Não poderá existir país no globo terrestre em que não exista uma *longa manus* por parte estatal em suas economias.

O artigo 170 da CF vai apresentar a ordem econômica, mas não esgota a matéria em si. Vamos estudar os princípios, sendo que alguns deles têm correspondência no art. 1º e no art. 3º da CF/88.

Vejamos o art. 170:

"A ordem econômica, fundada na valorização do trabalho humano e na livre iniciativa, tem por fim assegurar a todos existência digna, conforme os ditames da justiça social, observados os seguintes princípios:"

A interpretação literal nos levaria a concluir que os princípios seriam estes elencados. No *caput* nós já extraímos esses princípios. Por coincidência ou não, o princípio da valorização do trabalho humano vem antes do que o princípio da livre iniciativa e, a rigor, nós vamos encontra-los no art. 1º da CF/88, incisos I e III.

O art. 3º traz ainda, **"constituem objetivos fundamentais da República Federativa do Brasil"** e no inciso II traz um princípio nitidamente de Direito Econômico, mas que não aparece no art. 170, **"garantir o desenvolvimento nacional".**

Mencionamos que na noção do direito econômico, a busca do desenvolvimento econômico é a palavra chave, tanto quanto à ordem econômica interna quanto à nova ordem econômica internacional.

O princípio da livre iniciativa, que é um dos valores fundamentais do capitalismo, se subdivide em:

1) liberdade de empreendimento;
2) liberdade de organização e liberdade de contratação. Aqui até mencionamos o dirigismo contratual como um limitador da liberdade de contratação, que nada mais é do que um desdobramento do princípio da livre iniciativa.

Pois bem, exatamente como esses princípios não são valores absolutos, vamos facilmente perceber, por ex., na livre iniciativa, mais especificamente na vertente liberdade de contratação, que iremos ter contratação de matéria prima, contratação de mão-de-obra, contratação de produto final.

De qualquer maneira a liberdade de iniciativa e de contratação vai se conjugar com o princípio da valorização do trabalho humano, que vai significar, portanto, a inserção dos direitos sociais. Vai funcionar como um limitador da livre iniciativa. A livre contratação não pode deixar de aplicar o princípio da valorização do trabalho humano.

A Dignidade da pessoa humana, que mencionamos aqui, vai servir como norteador, no próprio caso da ponderação de interesses, embora não haja propriamente hierarquia entre os princípios, não temos o mesmo em abstrato, a *priori*, apontar o princípio que vai preponderar.

A justiça social também vai estar integrada como um limitador do princípio da livre iniciativa. E também aqui a própria intervenção do Estado no domínio econômico não deixa ser um fator limitador do princípio da livre iniciativa, abandonando o caráter absoluto. A livre iniciativa do Estado Liberal Clássico não poderia conviver com a intervenção do Estado no domínio econômico, mas atualmente o princípio está limitado pela intervenção estatal.

Não se perde da perspectiva a opção do legislador pelo tipo de economia, a opção ideológica, a questão da ideologia constitucionalmente adotada é no sentido de uma economia descentralizada, é o princípio da livre iniciativa mais a propriedade privada. A opção do legislador constituinte é no sentido de uma economia descentralizada.

Não há uma norma expressa neste sentido, mas é o que se infere do princípio da livre iniciativa mais o princípio da propriedade privada, que são valores fundamentais do capitalismo, um capitalismo intervencionista porque a própria Constituição vai consagrar formas de intervenção do Estado na atividade econômica. Então é princípio da propriedade privada, que se conjuga com o princípio da função social, o exercício desse direito há que se pautar na função social.

Interessante notar que a propriedade privada já consta do art. 5º da CF/88, mas aqui adquire uma conotação econômica como um dos valores do capitalismo. Apenas quem tem a propriedade privada do capital é que vai ter a liberdade de empreender.

O inciso I do supra artigo vai tratar da soberania nacional enquanto princípio constitucional econômico. Temos aqui o conceito clássico de soberania, mas aqui vamos ter uma conotação de direito econômico. É da característica do direito econômico uma releitura dos institutos, uma nova metodologia de abordagem dos institutos. Aqui a inserção da soberania nacional entre os princípios constitucionais econômicos nos traz uma idéia de que é um compromisso do Estado, um objetivo do Estado romper com a dependência econômica em relação aos estados centrais, romper com a situação de colônia dependente da metrópole.

Mas soberania nacional, por um lado, não significa isolamento econômico. As políticas protecionistas tendem a se ceder diante de uma economia globalizada, mas é importante fazermos menção aqui ao artigo 219 da CF/88 que consagra o *"mercado interno como integrante do patrimônio nacional e será incentivado de modo a viabilizar o desenvolvimento cultural e sócio-econômico, o bem estar da população e a autonomia tecnológica do País, nos termos de lei federal".*

É importante mencionarmos, em termos de soberania, o que dispõe o art. 4º, § único da CF/88,

> *"A República Federativa do Brasil buscará a integração econômica, política, social e cultural dos povos da América Latina, visando à formação de uma comunidade latino-americana de nações."*

Vamos ver que a idéia de integração não se confunde com a idéia de comunidade. O Direito de integração não é a mesma coisa que direito comunitário.

Em sequência, vamos ter no inciso IV o princípio da livre concorrência. Esta é a primeira vez que este princípio aparece expressamente na Constituição, mas seria um desdobramento do próprio princípio da livre iniciativa.

Vimos que o direito econômico surge indissociado com a crise do capitalismo, com as imperfeições do capitalismo liberal, em que uma delas é a concentração econômica, que coloca em risco o princípio da livre iniciativa, é o efeito auto-destrutivo do capitalismo.

Então o Estado vai estar legitimado a intervir para assegurar essa liberdade de concorrência, reprimindo as concentrações econômicas. É o que vai estar expresso no § 4º do art. 173 da CF/88:

"a lei reprimirá o abuso de poder econômico que vise à dominação dos mercados, à eliminação da concorrência e ao aumento arbitrário dos lucros".

Nota-se que o princípio da livre concorrência, a exemplo dos demais, não é um valor absoluto em si mesmo, então há que se conviver com o princípio da livre concorrência e algumas formações tidas como concentração econômica, fenômeno concentracionista convivendo com o princípio da livre concorrência.

Quanto à defesa do meio ambiente, é a necessidade de preservação dos recursos naturais. E aqui vamos conjugar a defesa do meio ambiente com o princípio do desenvolvimento econômico. Nasce daí a idéia de desenvolvimento sustentável, que está na ordem econômica internacional.

Os incisos VII, VIII e IX são apontados pela doutrina como objetivos e não como princípios, que trazem valores, que seriam redução das desigualdades regionais e sociais, ou seja, a busca pelo desenvolvimento econômico, equilíbrio; busca do pleno emprego, que reforça o princípio da valorização do trabalho humano; tratamento favorecido para as empresas de pequeno porte constituídas sob as leis brasileiras e que tenham sua sede e administração no país.

Esse tratamento favorecido entenda-se, um tratamento diferenciado em virtude das diferenças entre as empresas de pequeno porte constituídas sob as leis brasileiras e que tenham sua sede e administração no país. Não é tratamento privilegiado, não é um privilégio, aplica-se aqui o princípio da isonomia, mas tendo em vista esse fenômeno concentracionista, ou seja, com a tendência de as grandes empresas absorverem as de pequeno porte, essa intervenção do Estado vai estar voltada para minimizar essa diferença sob o ponto de vista econômico.

O § único do art. 170 traz ainda o seguinte enunciado:

"é assegurado a todos o livre exercício de qualquer atividade econômica, independentemente de autorização de órgãos públicos, salvo nos casos previstos em lei".

É a consagração da livre iniciativa, mas sofrendo limitações, diversas limitações, então muitas vezes vai depender sim de autorização.

Para a idéia de constituição econômica faltam as formas de intervenção do Estado no domínio econômico.

- **DIRETA:** O Estado assume a função de agente econômico
- **INDIRETA:** Interfere na conduta dos agentes econômicos (art. 174)

1.3 – AS CARACTERISTICAS DO DIREITO ECONOMICO

O direito econômico caracteriza-se, precipuamente, pela infuência do Estado nas relações socioeconômicas :

a) **Recenticidade**: é um ramo do direito novo, recente, que teve sua gênese com o intervencionismo econômico (teoria moderna econômica – macroeconomia), com o fito de discipliná-lo e regrá-lo. Portanto, sendo um ramo científco do direito ainda em Formação, fica sujeito às constantes infuências e mudanças que ocorrem no dinâmico mercado econômico;

b) **Singularidade**: é um ramo jurídico próprio para o fato econômico característico de cada país, não havendo, comumente, um conjunto de regras para norteá-lo, como ocorre com outros ramos do direito, tais como o civil e o penal;

c) **Mutabilidade**: suas normas são sujeitas a constantes mudanças de ordem política e econômica, havendo tendência curta vigência no que se refere a seus diplomas legais. Daí ocorre uma produção normativa abundante e constante, sen mister não se sujeitar seu disciplinamento apenas ao crivo Poder Legislativo, outorgando-se grande parcela de

competencia normativa ao Executivo, ante a especificidade do tema e celeridade de soluções que seus confitos exigem;
d) **Maleabilidade**: dada a necessidade de farta produção normativa, os estatutos de direito econômico não devem ficar presos e atados unicamente às espécies normativas próprias do Legislativo para terem vigência e eficácia. Muitas de suas normas, em que pese retirarem fundamento de validade da lei, devem ser produzidas por mecanismos mais céleres, próprios do Executivo, a fim de disciplinar os fatos econômicos e a dinâmica de mercado;
e) **Ecletismo**: apesar de ser ramo do direito público, o direito econômico mescla valores e princípios do direito privado. Isto porque, dentro de um posicionamento estatal regulador ante a ordem econômica, o Poder Público assume postura mais direcionadora, normatizadora e fiscalizadora da ordem e dos agentes econômicos, procurando absterse de empreender dentro da atividade econômica. Destarte, deve orientar sua normatização não somente dentro dos princípios de direito público, mas também no direito privado, de maneira a viabilizar a atividade econômica do agente privado;
f) **Concretismo**: o direito econômico disciplina os fenômenos socioeconômicos concretos, visceralmente vincula fatos históricos relevantes ao Estado e aos indivíduos.

1.4 – OS PRINCIPIOS DO DIREITO ECONOMICO

Os princípios gerais do direito econômico são fundados, norteados e permeados, concomitantemente, em valores de direito público e de direito privado, dado o ecletismo que caracteriza este ramo jurídico, outorgando aos referidos princípios traços próprios e específcos que os distinguem de sua aplicação em outros ramos do direito.

1) Princípio da economicidade; É oriundo do direito fnanceiro, com previsão expressa no art. 70, caput, da CF. Todavia, a aplicação deste princípio no direito econômico deve ser precedida de um exercício direito econômico sistemático de hermenêutica constitucional, a ser norteada e permeada pelo ecletismo de valores do direito privado que caracterizam este ramo jurídico. Interpretando-se sistematicamente o art. 70, caput, combinado com o art. 3º,

II, art. 170, caput, e art. 174, caput, todos da CF, sua exegese nos remete que a economicidade, sob o direito econômico, signifca que o Estado deve focar suas políticas públicas de planejamento para a ordem econômica em Atividades economicamente viáveis, tanto a curto quanto a longo prazo, garantido, assim, o desenvolvimento econômico sustentável e racional do País.

2) Princípio da eficiência ; oriundo do direito administrativo, com previsão expressa no art. 37, caput, da CF, sendo aplicado no direito econômico mediante exegese sistêmica do referido dispositivo com as previsões contidas no art. 170 e incisos da CF, mormente a livre-iniciativa e a livre concorrência. Assim, no campo do direito, determina que o Estado, ao estabelecer suas políticas públicas, deve pautar sua conduta com o fm de viabilizar e maximizar a produção de resultados da atividade econômica, conjugando os interesses privados dos agentes econômicos com os interesses da sociedade, permitindo a obtenção de efeitos que melhor atendam ao interesse público, garantido, assim, o êxito de sua ordem econômica.

3) Princípio da generalidade ; Confere às normas de direito econômico alto grau de generalidade e abstração, ampliando seu campo de incidência ao máximo possível, a fm de possibilitar sua aplicação em relação à grande multiplicidade de organismos econômicos, à diversidade de regimes jurídicos de intervenção estatal, bem como às constantes e dinâmicas mudanças que ocorrem no mercado. Isto porque o ordenamento de direito econômico deve ser capaz de se adaptar às alterações mercadológicas de maneira célere, garantido a eficácia de sua força normativa, como instrumento disciplinador do fato econômico.

1.5 – O DIREITO ECONÔMICO E O CÓDIGO CIVIL

Já o Código Civil de 2002, em vigor desde janeiro de 2003, a partir do artigo 966 trata do Direito Empresarial e elencou, por exemplo, o significado prático de transformação, Incorporação fusão e cisão de sociedades.

CC 2002 – Lei 10.406/02 Art. 1.113:

> *"O ato de transformação independe de dissolução ou liquidação da sociedade, e obedecerá aos preceitos reguladores da constituição e inscrição próprios do tipo em que vai converter-se."*

Art. 1.116:

"Na incorporação, uma ou várias sociedades são absorvidas por outra, que lhes sucede em todos os direitos e obrigações, devendo todas aprová-la, na forma estabelecida para os respectivos tipos."

Art. 1.119:

"A fusão determina a extinção das sociedades que se unem, para formar sociedade nova, que a elas sucederá nos direitos e obrigações."

Art. 1.122:

"Até noventa dias após publicados os atos relativos à incorporação, fusão ou cisão, o credor anterior, por ela prejudicado, poderá promover judicialmente a anulação deles."

1.6 – O OLIGOPÓLIO E AS SUAS FORMAS

Oligopólio (do grego *oligos*, poucos +- *polens*, vender) é uma forma evoluída de monopólio, no qual um grupo de empresas promove o domínio de determinada oferta de produtos e/ou serviços, como empresas de mineração, alumínio, aço construtores automóveis, cimentos, laboratórios farmacêuticos, aviação, comunicação e bancos.

O oligopolio corresponde a uma estrutura de mercado de concorrência imperfeita, no qual o mercado é controlado por um número reduzido de empresas, de tal forma que cada uma tem que considerar os comportamentos e as reações das outras quando toma decisões de mercado. No oligopólio, os bens produzidos podem ser homogéneos ou apresentar alguma diferenciação sendo que, geralmente, a concorrência se efectua mais ao nível de factores como a qualidade, o serviço pós-venda, a fidelização ou a imagem, e não tanto ao nível do preço.

As causas típicas do aparecimento de mercados oligopolistas são a escala mínima de eficiência e características da procura. Em tais mercados existe ainda alguma concorrência, mas as quantidades produzidas são menores e os preços maiores do que nos mercados concorrenciais, ainda que relativamente ao monopólio as quantidades sejam superiores e os preços menores.

FORMAS DE OLIGOPÓLIO:

- Cartel
- Truste
- Holding
- Conglomerado (economia)

EFEITOS NO MERCADO

Nos mercados oligopolistas onde não exista cooperação entre as empresas a curva da procura do produto da empresa depende da reação das outras empresas. A concorrência neste tipo de mercado para evitar guerras de preços poderá ser feita a outros níveis como nas características dos produtos distintas do preço (p. ex., qualidade, imagem, fidelização, etc.). O oligopólio pode permitir que as empresas obtenham lucros elevados a custo dos consumidores e do progresso económico, caso a sua atuação no mercado seja baseada em cartéis, pois assim terão os mesmos lucros como um monopólio.

1.6.1 – Cartel

Cartel é um acordo ou aliança Uma aliança comercial pode ser firmada por duas ou mais empresas , bem como pode ser firmada por dois ou mais países.

O principal objetivo de uma aliança comercial é a otimização de esforços para conquistar consumidores ou fornecedores , ainda, para desenvolver determinado produto ou serviço em conjunto. Outra meta comumente buscada em alianças comerciais é a fixação de preços mínimos, prática muitas vezes proibida por lei.

Entre empresas, é comum a celebração de acordos tais como *join ventures* (*Joint venture* ou **empreendimento conjunto** é uma associação de empresas, que pode ser definitiva ou não, com fins lucrativos, para explorar determinado(s) negócio(s), sem que nenhuma delas perca sua personalidade jurídica. Difere da sociedade comercial porque se relaciona a um único projeto cuja associação é dissolvida automaticamente após o seu término.

Um modelo típico de joint venture seria a transação entre o proprietário de um terreno de excelente localização e uma empresa de construção civil, interessada em levantar um prédio sobre o local.) e cartéis, por meio de contratos, escritos ou não. Já entre países, é comum a celebração de tratados diplomáticos visando à estipulação de regras de comércio exterior.

Como exemplo de aliança entre empresas pode ser citado o consórcio responsável pelo desenvolvimento do DVD. Os blocos econômicos (União Européia, Mercosul) são exemplos de alianças comerciais entre países. Ainda que haja um forte componente político, o fator econômico é preponderante.

Outro exemplo de união entre países é o cartel formado pela OPEP. explícito ou implícito entre concorrentes para, principalmente, fixação de preços ou cotas de produção, divisão de clientes e de mercados de atuação ou, por meio da ação coordenada entre os participantes, eliminar a concorrência e aumentar os preços dos produtos, obtendo maiores lucros, em prejuízo do bem-estar do consumidor.

1.6.2 – O Truste

É o resultado típico do capitalismo que forma um oligopólio na qual leva a fusão e incorporação de empresas envolvidas de um mesmo setor de atividades a abrirem mão de sua independência legal para constituir uma única organização, com o intuito de dominar determinada oferta de produtos e/ou serviços.

Pode-se definir truste também como uma organização empresarial de grande poder de pressão no mercado.

Tambem , Truste é a expressão utilizada para designar as empresas ou grupos que, sob uma mesma orientação, mas sem perder a autonomia, se reúnem com o objetivo de dominar o mercado e suprimir a livre concorrência

Ainda sao grandes grupos ou empresas que controlam todas as etapas da produção, desde a retirada de matéria-prima da natureza e a transformação em produtos até a distribuição das mercadorias.

A expressão é adaptação da expressão em inglês *trust*, que significa "confiança".

Um exemplo prático de truste foi quando o Conselho administrativo de Defesa Econômica (CADE) utilizou a legislação antitruste para condenar a tabela de honorários utilizada pelos médicos da Associação Médica Brasileira (AMB).

Os trustes podem ser de dois tipos:

Trustes Verticais

Trustes Verticais são aqueles que visam controlar de forma seqüencial a produção de determinado gênero industrial desde a matéria-prima até o produto acabado, sendo que as empresas podem ser de diversos ramos.

Trustes Horizontais

Trustes constituídos por empresas que trabalham com o mesmo ramo de produtos. Com o truste, há o controle maior da economia em um determinado ramo (ex: siderurgia – extração até distribuição) para se eliminar os custos de produção.

1.6.3 – As Holding

Uma **sociedade gestora de participações sociais** (conhecida em inglês como **holding**) é forma de sociedade criada com o objetivo de administrar um grupo de empresas (conglomerado). A *holding* administra e possui a maioria das ações ou quotas das empresas componentes de um determinado grupo. Essa forma de sociedade é muito utilizada por médias e grandes empresas e normalmente visa melhorar a estrutura de capital, ou é usada como parte de uma parceria com outras empresas.

Um exemplo prático de como uma holding pode ser utilizada: A empresa Acme fabrica e vende sapatos no Brasil. Ela acha que também pode ganhar dinheiro se vender tênis, mas ela não tem nenhuma experiência na fabricação de tênis. A empresa alemã Beta faz ótimos tênis e gostaria de vender seus produtos no Brasil, mas ela não tem uma rede de varejistas (Brasil)/retalhistas (Portugal) para distribui-los.

As empresas Acme e Beta decidem então fazer uma parceria para distribuir os seus produtos pelo país. Uma maneira de formalizar esta parceria seria com a criação da AB Importadora e Distribuidora Ltda. A empresa Acme criaria então a Acme Holding, que seria dona de 100% do capital da antiga empresa Acme Sapatos e de 51% do capital da AB. A empresa Beta seria dona dos outros 49% do capital da AB.

Existem duas modalidades de holding:

- A **pura**, quando de/do seu objetivo social conste somente a participação no capital de outras sociedades.
- A **mista**, quando, além da participação, ela sirva também à exploração de alguma atividade empresarial.

Segundo Fábio Nusdeo (2001:276), *holding* é: "(...) sociedade cuja a totalidade ou parte de seu capital é aplicada em ações de outra sociedade gerando controle sobre a administração das mesmas. Por essa forma assegura-se uma concentração do poder decisório nas mãos da empresa mãe – *holding*. Note-se, porém que nem sempre a *holding* é usada para esse fim."

1.6.4 – O Conglomerado

Em economia, **conglomerado** é uma forma de oligopólio na qual várias empresas que atuam em setores diversos se unem para tentar dominar determinada oferta de produtos e/ou serviços, sendo em geral administradas por uma *holding*. Um exemplo são as grandes corporações que dominam desde a extração da matéria-prima como o transporte de seu produto já industrializado, ou seja, um truste.

Um exemplo de conglomerado é a empresa Mitsubishi, que fabrica desde carros até canetas, ou a LG Group, que fabrica de celulares, notebooks e televisores, até eletrodomésticos e produtos petroquímicos.

Muitos trustes, constituídos no final do século XIX e inicio do século XX, transformaram-se em conglomerados. Resultantes de um amplo processo de concentração e centralização de capitais de uma crescente ampliação e diversificação dos negócios, com o intuito de dominar a oferta de determinados produtos no mercado, os conglomerados, também chamados de grupos ou corporações, são o exemplo mais bem acabado de empresas do capitalismo monopolista.

Controlados por uma *holding*, eles atuam em diferentes setores da economia. O objetivo básico é a manutenção da estabilidade dos conglomerados, garantindo uma lucratividade média, já que há rentabilidades diferentes em cada setor.

Os maiores conglomerados são norte-americanos e japoneses. Por exemplo, a General Electric, uma das maiores e mais internacionalizadas empresas do mundo, atua em diversos setores e fabrica uma grande variedade de produtos: Lâmpadas, fogões, geladeiras etc.

1.6.5 – O Dumping

É uma prática comercial que consiste em uma ou mais empresas de um país venderem seus produtos, mercadorias ou serviços por preços extraordinariamente abaixo de seu valor justo para outro país (preço que geralmente se considera menor do que se cobra pelo produto dentro do país exportador), por um tempo, visando prejudicar e eliminar os fabricantes de produtos similares concorrentes no local, passando então a dominar o mercado e impondo preços altos. É um termo usado em comércio internacional e é reprimido pelos governos nacionais, quando comprovado. Esta técnica é utilizada como forma de ganhar quotas de mercado.

Como exemplo, pode-se constatar a prática de dumping se a empresa A, localizada no país X, vende um produto nesse país por US$ 100 e o exporta para o Brasil por US$ 80, sempre levando em consideração a existência de condições comparáveis de comercialização (volume, estágio de comercialização, prazo de pagamento etc.).

As medidas antidumping têm como objetivo neutralizar os efeitos danosos à indústria nacional causados pelas importações objeto de dumping, por meio da aplicação de alíquotas específicas (fixadas em dólares dos EUA e convertidas em moeda nacional), *ad valorem* (sobre o valor aduaneiro da mercadoria em base FOB, no Brasil) ou de uma combinação de ambas.

A globalização é um fenômeno cujos reflexos são nitidamente sentidos tanto na seara jurídica, quanto nas mais variadas áreas do conhecimento humano, reclamando de todos teóricos e práticos a adoção de novas perspectivas compatíveis com as mudanças hodiernamente observadas.

A primeira dificuldade em lidar com a idéia de globalização consiste na variedade de significados que têm sido atribuídos ao mesmo fenômeno. Essa variedade é explicável, em parte, porque esse é um processo cujo impacto se faz sentir em diversas áreas e, apesar dos benefícios por ele trazidos, inegáveis são os conflitos oriundos da sua intensificação, notadamente nas relações comerciais exteriores, as quais passaram a compreender novos mecanismos e instrumentos.

Especificamente no campo do Comércio Exterior, a globalização produziu efeitos positivos e negativos, como são exemplos as práticas comerciais desleais, que comprometem a produtividade e o bom desempenho do conjunto das empresas, levando muitas delas à falência.

Exemplo disso, montadoras chinesas, fazem desta prática, cada vez mais comum, o governo Chinês, bancam impostos que seriam pagos pelo consumidor de outros países, por exemplo: na compra de um carro chinês no Brasil, o governo chinês banca o imposto do seguro veicular, sendo que o consumidor, paga apenas a diferença.

Desta forma com todo lucro obtido na venda do automóvel, o governo Chinês, da subsídios aos governos de outros países a montar fábricas de peças de reposição em seus países, exemplo disso a fábrica da Jac, será montada em Curitiba, puro incentivo do governo Chinês, na patrica do Dumping. Na Inglaterra acontece o mesmo, fábricas da china estão sendo montadas em outros países de forma comum, e assustadoramente rápida, fazendo com que o Made in China seja comum em outros países.

1.7 – A DESCENTRALIZAÇÃO E A DESCONCENTRAÇÃO

A Descentralização ocorre quando o Estado (União, Estados, DF ou Municípios) irá desempenhar algumas de suas funções por meio de outras pessoas jurídicas, ocorre transferência de uma pessoa para a outra.

A Desconcentração ocorre quando a entidade da administração, encarregada de executar um ou mais serviços, distribui competências, no âmbito da sua própria estrutura, a fim de tornar mais ágil e eficiente a prestação de serviços.

> **Exemplo:** A União distribui atribuições decorrentes de suas competências entre diversos órgãos de sua estrutura como os seus Ministérios (Educação, Cultura, Saúde, etc.), ou uma Universidade Pública estabelece divisões internas de funções criando departamentos como Departamento de Graduação, Pós Graduação, etc.

Por sua vez, a Administração Pública Indireta é o conjunto de pessoas jurídicas administrativas (não têm capacidade para julgar), têm personalidade jurídica própria (ter aptidão para adquirir direitos e contrair obrigações), que vinculadas à Administração Direta irão ter a competência para o exercício, de forma descentralizada, de atividades administrativas.

Composição da Administração Indireta:

1) Autarquias;
2) Fundações Públicas;
3) Agências Reguladoras;
4) Empresas Públicas;
5) Sociedades de Economia Mista e
f) Consórcios.

Características comuns às entidades da Administração Indireta:

1) Possuir personalidade jurídica própria;
2) ter patrimônio próprio e
3) Estar vinculado à Administração Pública Direta.

1.8 – AS AUTARQUIAS

São pessoas Jurídicas de direito público, criadas por lei, para exercer funções próprias do Estado, que requeiram uma especialização.

Sua criação sempre se dará através de uma lei específica, sem a necessidade de registro, a iniciativa da lei para a criação de uma autarquia é sempre feita pelo Chefe do Poder Executivo (PR).

Lei específica: Art. 37, XIX, da Constituição Federal:

> *"Somente por lei específica poderá ser criada autarquia e autorizada instituição de empresa pública, de sociedade de economia mista e de fundação (...)"*

Privilégios: Estão isentos de serem tributados
Licitação: Estão sempre obrigados a licitação
Finanças: Tem capacidade financeira própria
Exemplos de Autarquias: Banco Central, USP, UFRJ, INSS, ANATEL, ANVISA, INPI, etc.

1.9 – O ESTADO E A ORDEM ECONÔMICA

O Estado pode atuar de diversas maneiras no domínio econômico, sendo como:

1) agente econômico, controlando e fiscalizando a atuação de entes particulares
2) Em parceria com a iniciativa privada, nas chamadas PPP's (parcerias público privadas)

   Exemplo: nos trechos rodoviários mais degradados do nordeste, o governo federal irá adotar a forma de PPP com entidades privadas, para que essas façam a manutenção das rodovias em questão (*in* o Estado de São Paulo, Caderno de Economia de 23 de fevereiro de 2011).

A atuação do Estado pode ser mais ou menos intensa, sendo mais intensa quando o Estado é o próprio agente de um setor da economia, agindo muitas vezes como monopolista, e menos intensa quando o Estado deixa a atividade econômica ser explorada pelo agente privado e apenas se reserva a fazer a fiscalização.

Poderá haver por parte do Estado uma atuação no modelo Smithiano (Adam Smith), em que o próprio mercado regularia a economia, mas esse modelo comprovadamente não é eficaz, devendo o Estado atuar no domínio econômico.

1.10 – A EMPRESA E O DIREITO ECONÔMICO

No conceito atual de empresa, onde integram conceitos como atividade profissionalmente organizada para a produção e a circulação de bens ou serviços, incluem – se nesse novo conceito todos os direitos e obrigações decorrentes de sua atividade na sociedade, seja nos aspectos empresariais, fiscais, previdenciários, trabalhistas, ambientais, penais, cíveis, concorrenciais, constitucionais e administrativos, dentre outros.

1.11 – O ARTIGO 173 DA CF/88

O art. 173 da CF é muito importante, pois traçam a nova forma pela qual o Estado deve atuar no domínio econômico, não sendo mais um Estado econômico, monopolista, mas também não podendo ser um Estado ausente como nos padrões liberais.

A exploração da atividade econômica tratada no *caput* do art. 173 passa a ser desempenhado pelo agente privado, sendo desenvolvido pelo Estado apenas em casos de segurança nacional ou interesse coletivo. Define – se que o Estado atuará como agente econômico, revestido nas formas empresariais de empresa pública ou sociedade de economia mista.

1.12 – EMPRESA PÚBLICA

São pessoas jurídicas de direito privado, criadas por autorização contida em lei para exercer serviço público ou atividade econômica.

Sua criação é feita através de autorização de lei específica, sempre com necessidade de registro.

A forma de contratação dos funcionários é através da CLT, estando assim sujeitos à proibição de acumulação remunerada de cargos.

Estão sempre isentos de tributação quando prestadoras de serviço público.

Estão sempre sujeitas a ter de licitar.

Quanto ao seu regime jurídico: se prestarem serviço público terão regime de direito público, se exercerem atividade econômica terão uma espécie de regime híbrido (regime privado parcialmente derrogado por normas de direito público).

Podem adotar qualquer forma societária, desde que admitida pelo Direito.

Os bens pertencentes às empresas públicas são públicos.

Notas: a) O capital é totalmente público;
        b) durante estado de sítio a empresa pública pode sofrer intervenção.

1.13 – SOCIEDADE DE ECONOMIA MISTA

São pessoas jurídicas de direito privado criadas por autorização contida em lei para exercer serviço público ou atividade econômica.

A criação é feita através de autorização de lei específica, sempre com necessidade de registro.

A forma de contratação dos funcionários é através da CLT, estando assim sujeitos à proibição de acumulação remunerada de cargos.

Estão sempre isentos de tributação quando prestadoras de serviço público.

Estão sempre sujeitas a ter de licitar.

Quanto ao seu regime jurídico: se prestarem serviço público terão regime de direito público, se exercerem atividade econômica terão uma espécie de regime híbrido (regime privado parcialmente derrogado por normas de direito público).

Os bens pertencentes às empresas públicas são públicos.

Nota: O capital é em maioria público, como forma societária assume forma de sociedade anônima.

Quadro comparativo

\multicolumn{3}{c}{Empresa Pública e Sociedade de Economia Mista}
Capital	Totalmente público	Maioritariamente público
Forma Societária	Qualquer forma admitida em Direito	Sociedade anônima
Foro Processual	a)Federal: Justiça Federal; B)Estadual/Municipal: Justiça Estadual	Justiça Estadual

1.14 – O ABUSO DO PODER ECONOMICO E ADOÇÃO DAS MEDIDAS PERTINENTES

Artigo 173 § 4º da CF:

> *"A lei reprimirá o abuso do poder econômico que vise à dominação dos mercados, à eliminação da concorrência e ao aumento arbitrário dos lucros".*

As infrações à ordem econômica ocorrem quando são adotadas condutas que visem limitar, falsear ou de qualquer forma, prejudicar a livre concorrência, aumentar arbitrariamente os lucros do agente econômico, dominar mercado relevante de bens ou serviços, ou quando o agente econômico estiver exercendo seu poder de mercado de forma abusiva.

Se a conquista de mercado decorrer de um processo natural, impulsionado pela maior eficiência de um agente econômico em detrimento de seus concorrentes, essa conduta será considerada legal, e portanto, do ponto de vista da defesa da concorrência não deve ser punida ou reprimida.

2 – O ANTITRUSTE / CONCORRENCIAL

2.1 – HISTÓRICO A NÍVEL INTERNACIONAL

A primeira lei antitruste contemporânea foi o *Act for the Prevention and Supression of Combinations Formed in Restraint of Trade*, de 1889, do Canadá, cuja origem está relacionada ao fracasso de uma política de protecionismo da indústria local, na tentativa de evitar que aquele país se tornasse mero satélite da economia norte-americana. Essa política, posta em prática por meio de barreiras tarifárias, resultou na supressão da concorrência externa, o que facilitou a prática de atos anticoncorrenciais.

Porém, o texto mais conhecido e influente no Brasil é a Lei Sherman (*Sherman Act*), de 1890, instituída nos Estados Unidos, com o objetivo principal de proteger o consumidor em face do poder econômico excessivo do mercado, mas que depois acabou por se aplicar como meio de restringir práticas monopolistas e acordos restritivos de concorrência.

Hoje, esta lei é considerada o marco inicial do direito de defesa da concorrência.

Escolas que se ocuparam do debate sobre proteção da concorrência

- **Escola de Harvard ou Estruturalista** era a escola contra a concentração econômica, segundo a qual *small is beautiful*, ou seja, o importante é haver vários pequenos agentes competitivos, diversos pequenos competidores, em vez de apenas uma grande empresa.

- **Escola de Friburgo,** na Alemanha, ou **Ordo-Liberal,** caracterizada pela possibilidade de competição, isto é, mesmo que não haja efetivamente concorrência, é preciso que haja concorrente pronto para entrar no mercado, como empresa competitiva. Esta escola serve de base para a constituição do Tratado de Roma, que cria a União Europeia.
- A **Escola de Chicago** visa sempre ao **bem-estar do consumidor**, pautado na palavra **eficiência** e na maximização dos lucros, que significa produzir mais com menores custos. Aqui se inicia o estudo da direito pela economia. O primeiro ramo a ser estudado sob este novo enfoque é a concorrência.

O direito antitruste americano exerceu grande influência na concepção da legislação brasileira e ainda exerce sobre a doutrina e sobre os órgãos de defesa da concorrência neste país.

2.2 – O ANTITRUSTE NO BRASIL

A criação de leis sobre direito da concorrência tem como fundamento dois princípios antagônicos: de um lado, a liberdade de iniciativa, garantida constitucionalmente, segundo a qual qualquer pessoa é livre para empreender o que desejar sem interferência estatal; do outro, a liberdade de concorrência, que determina que a liberdade de empreender não deve significar prejuízo para a liberdade de outros agentes econômicos, de também empreenderem.

A proteção da concorrência no Brasil desenvolve-se em fases.

A **primeira fase**, de 1824 a 1891, foi a da plena liberdade de iniciativa de mercado, em que não há lei de defesa da concorrência. Nesse período, entende-se que o mercado se autorregula; a preocupação da elite agrária brasileira era vender produtos para fora e não industrializar o próprio país.

Na **segunda fase**, de 1934 a 1937, começa a surgir a ideia de regulação econômica. É o período pós Constituição do México e de Weimer. As Constituições de 1934 e de 1937 regulam a hipótese de monopolização de atividades econômicas pelo Estado e a proteção da economia popular.

A **terceira fase** inicia-se com a Carta de 1946, a qual dispunha que a lei reprimiria toda e qualquer forma de abuso do poder econômico. Neste contexto, o Estado é agente econômico. O texto constitucional especificava que entre estas formas de abuso estava a formação de grupos de empresas que tivessem por fim dominar mercados nacionais, eliminar a concorrência e aumentar arbitrariamente os lucros.

Na **quarta fase**, iniciada com a Constituição de 1988, surge efetivamente a defesa da ordem econômica, pois a Carta passa a disciplinar o assunto, ao prever que a lei reprimirá o abuso do poder econômico que vise à dominação dos mercados, à eliminação da concorrência e ao aumento arbitrário dos lucros. Além disso, passou-se a considerar a liberdade de concorrência como um princípio a ser observado na ordem econômica brasileira.

A primeira legislação brasileira que envolveu aspectos do direito concorrencial foi o Decreto-lei 869/1938, que tipificava certas práticas comerciais como crimes de concorrência. Entre estas práticas, estavam acordos que visassem ao aumento arbitrário dos lucros e práticas comerciais abusivas, que impedissem a competição.

Em seguida surgiu o primeiro texto normativo que tratou da questão concorrencial sistematicamente, a chamada Lei Malaia, o Decreto-lei 7.666/45, que instituiu a Comissão Administrativa de Defesa Econômica, a CADE, mas foi revogado no mesmo ano por uma nova lei antitruste, a 4.137/62, que criou o Conselho Administrativo de Defesa Econômica, também CADE. Esta lei vigorou até a promulgação da atual legislação.

Desde a Lei nº 4.137 de 1962, o Brasil adotou, em moldes seguramente calcados no regime norte – americano, uma legislação antitruste, mas não é inverídico sustentar que, por quase 30 (trinta) anos, a mesma restou praticamente inoperante, dada a passividade dos sucessivos Governos e dos organismos então criados para exercer o controle da aplicação do conjunto de normas e restrições assim instituídas.

A partir de 1990, porém, com a edição das Leis nº 8.002 de 1990 e nº 8.158 de 1991, os problemas ligados à repressão das infrações contra a ordem econômica, bem como a proteção da livre concorrência e a defesa dos consumidores voltaram à ordem do dia, culminando com a edição, em 11 de junho de 1994, da Lei nº 8.884, a partir da qual pode-se dizer que os dispositivos *"antitruste"* passaram realmente a imperar no país.

O chamado Conselho Administrativo de Defesa Econômica – (CADE), órgão instituído desde 1962, transformou – se em autarquia federal, vinculada ao Ministério da Justiça, e passou realmente a funcionar e exercer os poderes de policiamento administrativo que lhe competem conforme tal Lei, a qual decorre de disposições de ordem pública e constitucionais.

A atuação do CADE, exercida em nome da coletividade, como titular dos bens jurídicos a serem protegidos e auxiliados pela Secretaria de Direito Econômico (SDE) e pela Secretaria de Acompanhamento Econômico (SEAE), pode estender-se aos atos praticados no exterior que produzam efeitos no Brasil, reputando-se domiciliada no Brasil empresa estrangeira que aqui tenha filial, agência, sucursal, escritório, estabelecimento, agente ou representante (art. 2º, § 1º com a redação alterada pela Lei nº 10.149, de 21 de dezembro de 2000).

Nesse sentido, conforme prevê o § 2º do mesmo artigo, a empresa estrangeira será notificada e intimada de todos os atos processuais, independentemente de procuração ou de disposição contratual ou estatutária, na pessoa do responsável por sua filial, agência, sucursal, estabelecimento ou escritório instalado no Brasil.

Antes de situar as infrações da ordem econômica vigente, a Lei nº 8.884/94 deixa patente sua aplicação a todas as pessoas jurídicas e físicas, de direito público ou privado, bem como associações ou grupamentos, inclusive os temporários e os desprovidos de personalidade jurídica; prevendo, também, a responsabilidade individual dos respectivos dirigentes e administradores, solidariamente entre si e com a empresa. Mais ainda: o artigo 18 defende a possibilidade, em certas hipóteses, da aplicação da teoria da desconsideração da pessoa jurídica.

Entre os atos contrários à ordem econômica e por isso vedadas, temos, por exemplo, a limitação, o falseamento ou o prejuízo à livre concorrência; a dominação de mercado relevante de bens ou serviços; o aumento arbitrário da lucratividade e o exercício abusivo do Poder Econômico.

Por essa razão, serão contrários ao sistema legal vigente, além de outros atos, os acordos de preços entre concorrentes; a divisão de mercados; o estabelecimento de óbices à criação ou ao acesso de novos concorrentes ao mercado; as vendas a preço abaixo do custo; a retenção de bens e a imposição de preços excessivos.

Há pelo menos 24 tipos de infração a considerar com o maior cuidado, uma vez que as penalidades previstas podem ser ao sabor de elementos como gravidade, reincidência, situação econômica do infrator, etc., de até 30% do valor do faturamento bruto do último exercício social, além da multa de 10% a 50% do respectivo montante, exigível da pessoa física do administrador, todas elas cobráveis em dobro, em caso de reincidência; para não deixar de mencionar, adicionalmente, certas proibições de operar, contratar ou obter benefícios junto a organismos públicos.

Verifica-se que a falta injustificada do representado ou de terceiros, quando intimados para prestar esclarecimentos orais, no curso de procedimento, de averiguações preliminares ou de processo administrativo, sujeitará o faltante à multa de R$ 500,00 (quinhentos reais) a R$ 10.700,00 (dez mil e setecentos reais), conforme sua situação econômica (art. 26, § 5º, com a redação dada pela Lei no 10.149 de 2000).

E, ainda, estará sujeito o inspecionado ao pagamento de multa de R$ 21.200,00 (vinte e um mil e duzentos reais) a R$ 425.700,00 (quatrocentos e vinte e cinco mil e setecentos reais), conforme a situação econômica do infrator, se impedir, obstruir ou de qualquer outra forma dificultar a realização de inspeção no âmbito de verificação preliminar, procedimento ou processo administrativo (art. 26 – A, criado pela Lei nº 10.149 de 2000).

Uma inovação criada pela Lei nº 10.149/2000 relacionada às penalidades acima descritas, é a possibilidade de celebração de acordo de leniência, em que as pessoas físicas ou jurídicas que forem autoras de infração à ordem econômica terão extinção da ação punitiva da administração pública ou a redução de um ou dois terços da penalidade aplicável, desde que colaborem efetivamente com as investigações e o processo administrativo (art. 35 – B).

Cabe observar, ainda, que as iniciativas do CADE, da SDE e da SEAE podem ter origem na solicitação de qualquer interessado. As decisões do CADE são, em nível administrativo, inapeláveis, o que significa que à parte que se entender por elas prejudicada somente resta o caminho judicial para eventualmente combatê – las.

A Lei nº 8.884/94 prevê, ainda, a obrigação das partes de submeter atos que possam prejudicar a livre concorrência ou resultar em dominação do mercado de certo produto à autorização expressa do CADE, seja previamente à sua prática, seja, no prazo máximo de 15 (quinze) dias úteis, logo após a sua ocorrência (artigo 54), sendo que, a partir de 1o de janeiro de 2001, a taxa processual para tanto é de R$ 45.000,00 (quarenta e cinco mil reais). O regime da consulta prévia é obviamente preferível, pois do procedimento *"a posteriori"* podem surgir conseqüências complexas e indesejáveis, inclusive a obrigatoriedade da reversão de atos já praticados.

De relevo considerar, a esta altura, que, para os efeitos do artigo 54, consideram-se atos que possam prejudicar a livre concorrência ou resultar em dominação de mercado, devendo, desta forma, ser submetidos à apreciação do CADE aqueles que impliquem na participação de empresa ou grupo de empresas resultante em 20% do mercado relevante, ou em que qualquer um dos participantes tenha registrado faturamento bruto anual no último balanço equivalente a R$ 400.000.000,00 (quatrocentos milhões de reais).

Todavia, o CADE, através da sua Súmula nº 1, publicada no Diário Oficial da União de 18 de outubro de 2005, entendeu que, na aplicação do critério estabelecido no aludido artigo 54, é relevante o faturamento bruto anual registrado exclusivamente no território brasileiro pelas empresas ou grupo de empresas participantes no ato de concentração.

Tal entendimento, pelo qual tem o CADE se pautado, evita a apresentação de inúmeros processos que até então deviam ser submetidos ao CADE apenas pelo fato de uma das empresas participantes da operação incorrer em faturamento no exterior equivalente ou superior a R$ 400.000.000,00 (quatrocentos milhões de reais).

Faz-se *mister* salientar que o próprio artigo 54 deixa evidente que muitos atos de concentração são passíveis de aprovação, uma vez presentes determinadas condições de fato e de direito que os possam justificar (aumento de produtividade, melhoria de qualidade, desenvolvimento tecnológico, não prejuízo direto à concorrência existente, e, sobretudo, benefícios evidentes ao consumidor em conseqüência de redução de preço).

Observa-se, ainda, que o CADE pode subordinar sua aprovação, quando lícita e possível, à celebração de um compromisso de desempenho, para que se possa instituir a obrigação dos interessados de cumprir efetivamente, sob certas penas, as metas expostas.

Para os fins dos processos da aprovação, prévios ou posteriores às transações mencionados no artigo 54 acima referido, o CADE emitiu, em 19 de agosto de 1998, sua Resolução nº 15, que indica, com minúcia, as informações e documentos que devem instruir os pleitos, sendo certo que, em termos de documentação, o material solicitado é realmente da maior extensão e até de certa dificuldade de obtenção, posto que alguns, pelo menos, de nível internacional.

A parte final da Lei nº 8.884/94 chega a prever, em determinadas hipóteses, a possibilidade de intervenção nas empresas infratoras, por decretação judicial, nomeação de interventor, etc.

Mas, a presidenta da República, Dilma Rousseff sancionou em 30 de outubro de 2011 a Lei nº 12.529, que reformula o Sistema Brasileiro de Defesa da Concorrência (SBDC). A nova legislação é um marco na consolidação de instituições que estimulem o desenvolvimento do Brasil.

Com a nova legislação, passou a haver uma maior eficácia na defesa de mercados eficientes e dos consumidores brasileiros, garantindo produtos e serviços de qualidade, incentivo à inovação tecnológica e coibindo os preços excessivos que são reflexos conhecidos da dominação de mercado.

A maior efetividade da política de defesa da concorrência decorre, principalmente, de uma mudança na análise de fusões e aquisições e consiste na exigência de submissão prévia dessas operações. Elas deverão ser submetidas ao CADE antes de serem consumadas, e não depois, como acontece hoje.

O Brasil era um dos únicos países do mundo que analisava fusões de empresas somente depois de elas ocorrerem. O CADE terá agora um prazo máximo de 240 (duzentos e quarenta) dias para analisar as fusões, prorrogáveis por mais 90 (noventa) dias, em caso de operações complexas.

O texto estabelece ainda que só serão analisadas operações em que uma das empresas tenha faturamento anual acima de R$ 400.000.000,00 (quatrocentos milhões) e a outra acima de R$ 30.000.000,00 (trinta milhões) no Brasil.

No âmbito do combate a condutas anticompetitivas a nova lei estabelece que a multa máxima aplicada deverá ser de 20% do faturamento do grupo econômico no ramo de atividade objeto da investigação, e nunca poderá ser inferior ao dano causado no mercado, quando este for calculado.

A lei que reestrutura o CADE absorve algumas competências da Secretaria de Direito Econômico (SDE) do Ministério da Justiça e da Secretaria de Acompanhamento Econômico (SEAE) do Ministério da Fazenda. O órgão terá como atribuições a análise e o julgamento de fusões e aquisições, as ações de prevenção e de repressão às infrações contra a ordem econômica.

A autarquia será dividida em duas estruturas: Superintendência -Geral e Tribunal. A primeira investigará e instruirá processos administrativos e atos de concentração enquanto o Tribunal será responsável pelo julgamento de ambos. Além disso, a lei cria o Departamento de Estudos Econômicos, com o objetivo de aprimorar as análises econômicas e fornecer maior segurança sobre os efeitos das decisões do CADE.

A equipe do Departamento de Proteção e Defesa Econômica (DPDE), ligado atualmente à SDE, será incorporada à nova autarquia. Também são criadas 200 (duzentas) novas vagas de Especialistas em Políticas Públicas e Gestão Governamental para atender à nova realidade do Conselho.

O novo arranjo institucional estimula o ambiente competitivo, melhora as condições para a defesa dos direitos econômicos e reafirma o compromisso do governo de construir um modelo de desenvolvimento inclusivo.

A nova lei é fruto de uma visão moderna da importância da livre concorrência para toda a Sociedade, inclusive para o Governo. Por isso, ela também reforça o papel da Secretária de Acompanhamento Econômico do Ministério da Fazenda como promotora da concorrência junto a outros órgãos e entidades de governo.

A Secretaria terá, a partir de agora, a missão de defender políticas públicas e regulação pró – competitivas, tanto no plano das relações econômicas domésticas como no do comércio internacional.

As mudanças passam a valer em 180 (cento oitenta) dias após a publicação no Diário Oficial da União. No final de 2011, foi publicada a Lei Federal nº 12.529, que alterou o procedimento de revisão e aprovação dos atos de concentração submetidos à análise do Conselho Administrativo de Defesa Econômica (CADE), sendo que essa nova regulamentação passará a valer a partir de 30 de maio de 2012.

De maneira geral, a nova lei do CADE não trouxe mudanças relevantes nos conceitos inerentes à proteção da livre concorrência no Brasil, porém introduziu diversas modificações no regime processual de análise de operações que possam repercutir negativamente nos mercados brasileiros.

A principal mudança diz respeito ao momento de submissão. O processo de fiscalização pelo CADE, que era posterior à concretização dos negócios entre as partes, passa a ser prévio, ou seja, as empresas interessadas na aquisição de novos negócios, bem como na realização de parcerias empresarias e operações de fusão entre concorrentes, somente poderão concretizar suas operações após a aprovação da transação pelo CADE.

Nesse sentido, a nova lei do CADE alinhou – se com a legislação estrangeira, em especial com a regulamentação norte – americana, passando a prever um sistema de aprovação prévia das operações que possam criar obstáculos à livre concorrência no País.

Alteraram – se também os critérios de sujeição das operações à fiscalização do CADE, passando a ser objeto de análise apenas as operações nas quais os grupos envolvidos estejam enquadrados em critérios objetivos de faturamento, não se aplicando mais o critério de percentual de mercado relevante superior a 20% previsto na lei anterior.

Assim, para fins de submissão da operação ao CADE, uma das partes ou grupos envolvidos na operação deverá ter apurado, no ano anterior à transação, faturamento bruto igual ou superior a R$ 400.000.000,00 (quatrocentos milhões), sendo que, cumulativamente, uma outra parte ou grupo desse negócio deva ter verificado, no mesmo período, faturamento bruto igual ou superior a R$ 30.000.000,00 (trinta milhões).

Ainda conforme a nova regulamentação, o processo passa a não ser mais submetido ao parecer prévio da Secretaria de Acompanhamento Econômico (SEAE), sendo que a análise da relevância econômica da operação será feita pelo próprio CADE, que cumulará a análise e julgamento dos processos em um único órgão que vem sendo chamado pela mídia de *"Super – CADE".*

A despeito da consolidação do procedimento em apenas um órgão, o processo administrativo não deve se tornar mais célere, sendo que a nova lei do CADE prevê o prazo máximo de 240 (duzentos e quarenta) dias para análise da operação apresentada, o que, do ponto de vista do negócio, pode inviabilizar ou dificultar sobremaneira a concretização das transações entre as partes.

A Nova Lei do CADE, todavia, ainda depende de uma regulamentação mais aprofundada, razão pela qual se espera, para os próximos meses, a divulgação de norma interna do CADE para melhor regulamentação desse novo processo de fiscalização, fixando-se as condições para apresentação das transações para a análise e aprovação do órgão e, especialmente, indicando como funcionará o Super – CADE neste momento inicial.

2.3 – O CONTROLE DE CONDUTAS ANTICONCORRENCIAIS

Há duas formas de uma legislação definir comportamentos anticoncorrenciais: pela análise do objetivo do agente e pelos efeitos do ato praticado.

A atual legislação brasileira optou pelo modelo que privilegia ambos os fatores, pois a Lei diz que, independentemente da forma sob a qual se manifestem e de culpa, constituem infração da ordem econômica os atos que tenham por objeto produzir ou possam produzir determinados efeitos, ainda que não sejam alcançados.

Note-se que a simples possibilidade de dano, independentemente de culpa, constitui infração da ordem econômica, o que configura responsabilidade objetiva do agente econômico.

A Lei 8.884/94 especifica como condutas que constituem infração da ordem econômica as seguintes:

I – Limitar, falsear ou de qualquer forma prejudicar a livre concorrência ou a livre iniciativa;
II – Dominar mercado relevante de bens e serviços;
III – Aumentar arbitrariamente os lucros;
IV – Exercer de forma abusiva posição dominante.

As condutas acima configuram práticas restritivas da concorrência, as quais, conforme o caso, podem ser consideradas práticas restritivas horizontais ou verticais.

2.4 – AS PRÁTICAS RESTRITIVAS HORIZONTAIS

As práticas restritivas horizontais consistem na tentativa de reduzir ou eliminar a concorrência no mercado, seja por meio de acordos entre concorrentes no mesmo mercado relevante com respeito a preços e condições, seja por meio da prática de preços predatórios.

Note-se que neste caso a concentração ocorre entre empresas que deveriam ser concorrentes, por isso a denominação horizontal. Consideram-se práticas restritivas horizontais as seguintes:

- **Cartéis:** acordos explícitos ou tácitos entre concorrentes do mesmo mercado, que envolvam parte substancial de mercado relevante, na tentativa de aumentar preços e lucros conjuntamente para níveis próximos dos de monopólio;

- **Ilícitos de associações de profissionais:** quaisquer práticas que limitem de forma injustificada a concorrência entre os profissionais, principalmente mediante conduta acertada de preços;
- **Preços predatórios:** prática deliberada de preços abaixo do custo variável médio, com vistas a eliminar concorrentes para, em momento posterior, poder praticar preços e lucros mais próximos do nível monopolista.
- **Outros acordos entre empresas:** restrições horizontais que envolvam apenas parte de mercado relevante e/ou esforços conjuntos temporários voltados à busca de maior eficiência, especialmente produtiva ou tecnológica;

2.5 – AS PRÁTICAS RESTRITIVAS VERTICAIS

Constituem práticas restritivas verticais as impostas por produtores ou ofertantes de bens ou serviços em determinado mercado sobre produtos relacionados verticalmente ao longo da cadeia produtiva. Entre estas práticas, encontram-se:

- Fixação, pelo produtor, de preços de revenda a serem praticados pelos distribuidores ou revendedores;
- Restrições territoriais por meio do estabelecimento de limites geográficos para a atuação de distribuidores ou revendedores;
- Acordos de exclusividade, em que o comprador fica proibido de vender bens ou serviços de outro fornecedor;
- Recusa de negociação, por meio da qual o fornecedor ou comprador de determinado bem ou serviço estabelece unilateralmente as condições do negócio;
- Venda casada, isto é, o que oferta determinado bem ou serviço impõe que para comprá-lo o comprador deve também adquirir outro bem ou serviço do mesmo vendedor;
- Discriminação de preços, em que o produtor fixa preços diferentes para o mesmo bem ou serviço, dependendo do comprador.

2.6 – O CONTROLE ESTRUTURAL OU CONTROLE DA CONCENTRAÇÃO EMPRESARIAL

O controle estrutural exercido pelo CADE significa que este órgão desempenha não apenas a função de repressão, mas também a de prevenção na área concorrencial. Dispõe a Lei sobre a prevenção e a repressão às infrações contra a ordem econômica, orientada pelos ditames constitucionais de liberdade de iniciativa, livre concorrência, função social da propriedade, defesa dos consumidores e repressão ao abuso do poder econômico.

O papel preventivo do CADE consiste, basicamente, na análise de atos de concentração. No exercício desta função preventiva o Órgão, de acordo com o que prevê a Lei, exige que sejam submetidos à sua apreciação quaisquer atos que possam limitar ou prejudicar a livre concorrência, ou resultar na dominação de mercados relevantes de bens ou serviços.

Na prática, os principais atos levados à apreciação prévia do CADE são os previstos no § 3º do artigo 54 da Lei, ou seja, os atos de concentração econômica, entre os quais se incluem a fusão ou incorporação de empresas, constituição de sociedade para exercer o controle de empresas ou qualquer forma de agrupamento societário, que implique participação de empresa ou grupo de empresas resultante em vinte por cento de um mercado relevante, ou em que qualquer dos participantes tenha registrado faturamento bruto anual no último balanço equivalente quatrocentos milhões de reais.

Algumas súmulas do CADE fornecem critérios objetivos para que se delimitem os parâmetros acima expostos:

- **Súmula nº 1:** Na aplicação do critério estabelecido acima, é relevante o faturamento bruto anual registrado exclusivamente no território brasileiro pelas empresas ou grupo de empresas participantes do ato de concentração.
- **Súmula nº 2:** A aquisição de participação minoritária sobre capital votante pelo sócio que já detenha participação majoritária não configura ato de notificação obrigatória, ou seja, quem tem posição majoritária e compra do minoritário, em regra, não precisa apresentar a operação ao CADE.

- **Súmula nº 3**: Nos atos de concentração realizados com o propósito específico de participação em determinada licitação pública, o termo inicial do prazo para apresentação da operação ao CADE é a data da celebração do contrato de concessão (em regra 15 dias da assinatura desse contrato).

O modo de apresentação dos atos de concentração ao CADE segue procedimento estabelecido pela Lei. Os documentos que tratam de tais atos são apresentados à SDE, órgão ligado ao Ministério da Justiça, em três vias, com antecedência da conclusão ou em até 15 dias depois de realizados. A não apresentação dos atos a controle, dentro do prazo, sujeita as empresas a multa e processo administrativo.

Após essa apresentação, a SDE encaminha uma cópia da documentação para o CADE e outra para a SEAE, ligada ao Ministério da Fazenda, que tem prazo de 30 dias para manifestar parecer técnico de caráter econômico. Após este parecer, a SDE tem o mesmo prazo para formular seus próprios comentários, de caráter jurídico, a respeito do processo.

Em seguida, a SDE encaminha o processo, devidamente instruído, ao CADE, o qual tem até 60 dias para decidir.

A decisão do CADE pode adotar uma de três posturas: aprovar o ato de concentração, ou aprová-lo com ressalvas, ou rejeitá-lo. Em regra, o Órgão tem aprovado a maioria dos atos, mas para que esta aprovação se dê, é necessário que os atos de concentração satisfaçam as seguintes condições:

a) Deve ter por objetivo aumentar a produtividade; ou melhorar a qualidade de bens ou serviços; ou propiciar eficiência ou desenvolvimento tecnológico ou econômico.
b) Os benefícios decorrentes do ato devem ser distribuídos de modo equânime entre os empresários envolvidos e os consumidores.
c) O ato não pode implicar eliminação da concorrência de parte substancial de mercado relevante de bens ou serviços.
d) A concentração deve observar os limites estritamente necessários para se atingirem os fins a que se propõe.

Do acima exposto pode-se observar, portanto, que os atos de concentração devem observar a razoabilidade. Neste sentido, se o ato for necessário à economia nacional e ao bem comum e não importar prejuízo para os consumidores, o CADE poderá aceitar que apenas três dos quatro requisitos acima sejam suficientes para aprová-lo.

2.7 – ATOS DE CONCENTRAÇÃO

Cumpre notar que nem todos os atos de concentração são prejudiciais. Isto se torna claro na atuação do CADE, que tem aprovado a maioria desses atos. Entre os tipos de concentração econômica, encontram-se:

a) **Concentrações horizontais:** concentrações que ocorrem entre concorrentes de determinado mercado, que estão no mesmo patamar da cadeia produtiva ou no mesmo setor.
b) **Concentrações verticais:** ocorrem estes tipos de concentrações entre empresários que estão em patamares diferentes, como, p. ex., produtores e fornecedores. A face prejudicial desse tipo de concentração ocorre quando dois concorrentes A e B compram de um único fornecedor. Se este fornecedor firmar contrato de exclusividade com A, prejudicará B.
c) **Concentração conglomerada:** ocorre quando existe o mesmo controle pra várias empresas, como p. ex., haveria se duas empresas do porte de Unilever e Mitsubishi resolvessem juntar-se.

2.8 – INSTRUMENTOS CONSENSUAIS

Como já visto, a atuação do CADE deve ser pautada pela razoabilidade. Assim, para evitar o engessamento do mercado e da cadeia produtiva e econômica, especialmente tendo em vista que as decisões deste Órgão nem sempre são pautadas pela celeridade[3], o legislador estabelece certas medidas intermediárias

---

[3] Note-se que o prazo de 60 dias imposto pela lei raramente é cumprido. No ano de 2009 o prazo médio que o CADE levou para analisar e decidir sobre os atos de concentração que lhe foram apresentados foi de 1.680 dias.

entre a apresentação e a aprovação dos atos pelo CADE, por meio de instrumentos de compromisso ou acordo.

Entre esses atos, está a previsão de **liminar**, do art. 52, da Lei, quando houver indícios ou fundado receio de que a demora cause ou possa causar lesão irreparável ou de difícil reparação, ou tornar ineficaz o resultado final do processo (ou seja, desde que haja *periculum in mora* ou *fumus boni iuris*). Trata-se de medida preventiva adequada para preservar a reversibilidade do ato de concentração.

Além disso, há o compromisso de desempenho, para os casos em que se aprova um ato de concentração mediante satisfação de certos requisitos e condições. Isto ocorre porque tem se adotado a prática de negociação antecipada das condições para a efetivação da concentração.

Existe, ainda, o Acordo de Preservação de Reversibilidade da Operação (APRO), cuja finalidade é evitar que a operação adquira efeitos irreversíveis que impeçam a atuação eficiente do CADE no cumprimento da legislação concorrencial. Este acordo é especialmente importante nos casos em que há concessão de liminar.

Acordos de Leniência são acordos por meio dos quais alguém envolvido em cartéis ou outras práticas anticoncorrenciais fornecem informações sobre o ilícito às autoridades em troca de benesses.

As cláusulas do APRO devem conter o compromisso de que as partes se abstenham, até o julgamento final do ato de concentração pelo CADE, de praticar quaisquer novos atos decorrentes do contrato realizado, entre eles: alterações de natureza societária; alteração nas instalações físicas; descontinuação de marcas e produtos; interrupção de projetos de investimento pré-estabelecidos pela empresa adquirida; entre outros.

2.9 – O CADE COMO FUNÇÃO DE REPRESSÃO

As diversas formas de infração da ordem econômica implicam a responsabilidade da empresa e a responsabilidade individual de seus dirigentes ou administradores, solidariamente. O CADE, no exercício de sua função repressiva, tem aplicado multas e sanções a empresas e dirigentes que praticam essas infrações.

As infrações à ordem econômica encontram-se expressamente previstas nos artigos 20 e 21 da Lei 8.884/94, mas este rol não é exaustivo, tendo em vista que a lei diz: estas condutas, além de outras.

Entre as penas previstas para a prática de infração da ordem econômica, estão as seguintes:

- No caso de empresa, multa de 1% a 30% do valor do faturamento bruto do último exercício.
- No caso do administrador direta ou indiretamente responsável pela infração cometida por empresa, multa de 10% a 20% do valor que tiver sido aplicado à empresa.
- No caso de pessoas físicas ou jurídicas de direito público ou associações que não exerçam atividade empresarial que possibilite apurar o valor do faturamento bruto, multa de 6.000 a 6.000.000 de UFIR.
- Multas aplicadas em dobro nos casos de reincidência.

Além das penas previstas acima, a Lei ainda prevê: publicação do extrato de decisão condenatória em jornal indicado nesta decisão, a expensas do infrator; proibição de participar de licitações por, no mínimo, cinco anos; inscrição do infrator no Cadastro Nacional de Defesa do Consumidor.

Cumpre esclarecer, ainda, que a Lei se aplica às práticas cometidas no todo ou em parte no território nacional ou que nele produzam ou possam produzir efeitos. Ou seja, mesmo que a concentração se de entre empresas que atuem no exterior, se ela tiver efeitos no Brasil, pode ser vetada pelo CADE, apenas no que diz respeito aos efeitos produzidos aqui, embora possa vigorar fora do território nacional.

2.10 – PROCEDIMENTOS

Caso haja indícios de infração à ordem econômica, qualquer pessoa pode representar à SDE, sem custo, mediante carta, e-mail ou petição por meio de advogado. Diante desta representação, a SDE poderá instaurar Procedimento Administrativo, se houver poucos indícios, Averiguação preliminar, caso haja indícios razoáveis, ou Processo Administrativo se existirem fortes indícios de infração.

Na SDE, o DPDE fará Nota Técnica (SEAE é optativa). O secretário da SDE profere despacho, decisão não terminativa, que deve ser objeto de recurso de ofício ao CADE. Em seguida, o Processo é remetido ao Conselheiro Relator do CADE, que intima a Procuradoria e o MPF para se manifestarem. O julgamento é feito pelos sete membros do CADE, os quais poderão acompanhar a SDE ou adotar julgamento diferente dela, podendo, inclusive, pedir que a SDE realize diligências investigativas complementares.

2.11 – A ADVOCACIA DA CONCORRÊNCIA

O CADE exerce advocacia da concorrência quando cumpre efetivamente o papel pedagógico que cabe, isto é, difundir a cultura da concorrência. Para o cumprimento deste papel, previsto no artigo 7º, XVIII, da Lei 8.884/94, é essencial a parceria com instituições de educação, tais como institutos de pesquisa, universidades, associações e órgãos do governo. O CADE exerce esse papel por meio de seminários, cursos e palestras.

Mas, a presidenta da República, Dilma Rousseff sancionou em 30 de outubro de 2011 a Lei nº 12.529, que reformula o Sistema Brasileiro de Defesa da Concorrência (SBDC). A nova legislação é um marco na consolidação de instituições que estimulem o desenvolvimento do Brasil.

Com a nova legislação, passou a haver uma maior eficácia na defesa de mercados eficientes e dos consumidores brasileiros, garantindo produtos e serviços de qualidade, incentivo à inovação tecnológica e coibindo os preços excessivos que são reflexos conhecidos da dominação de mercado.

A maior efetividade da política de defesa da concorrência decorre, principalmente, de uma mudança na análise de fusões e aquisições e consiste na exigência de submissão prévia dessas operações. Elas deverão ser submetidas ao CADE antes de serem consumadas, e não depois, como acontece hoje.

O Brasil era um dos únicos países do mundo que analisava fusões de empresas somente depois de elas ocorrerem. O CADE terá agora um prazo máximo de 240 (duzentos e quarenta) dias para analisar as fusões, prorrogáveis por mais 90 (noventa) dias, em caso de operações complexas.

O texto estabelece ainda que só serão analisadas operações em que uma das empresas tenha faturamento anual acima de R$ 400.000.000,00 (quatrocentos milhões) e a outra acima de R$ 30.000.000,00 (trinta milhões) no Brasil.

No âmbito do combate a condutas anticompetitivas a nova lei estabelece que a multa máxima aplicada deverá ser de 20% do faturamento do grupo econômico no ramo de atividade objeto da investigação, e nunca poderá ser inferior ao dano causado no mercado, quando este for calculado.

A lei que reestrutura o CADE absorve algumas competências da Secretaria de Direito Econômico (SDE) do Ministério da Justiça e da Secretaria de Acompanhamento Econômico (SEAE) do Ministério da Fazenda. O órgão terá como atribuições a análise e o julgamento de fusões e aquisições, as ações de prevenção e de repressão às infrações contra a ordem econômica.

A autarquia será dividida em duas estruturas: Superintendência -Geral e Tribunal. A primeira investigará e instruirá processos administrativos e atos de concentração enquanto o Tribunal será responsável pelo julgamento de ambos. Além disso, a lei cria o Departamento de Estudos Econômicos, com o objetivo de aprimorar as análises econômicas e fornecer maior segurança sobre os efeitos das decisões do CADE.

O novo arranjo institucional estimula o ambiente competitivo, melhora as condições para a defesa dos direitos econômicos e reafirma o compromisso do governo de construir um modelo de desenvolvimento inclusivo.

A nova lei é fruto de uma visão moderna da importância da livre concorrência para toda a Sociedade, inclusive para o Governo. Por isso, ela também reforça o papel da Secretária de Acompanhamento Econômico do Ministério da Fazenda como promotora da concorrência junto a outros órgãos e entidades de governo.

A Secretaria terá, a partir de agora, a missão de defender políticas públicas e regulação pró – competitivas, tanto no plano das relações econômicas domésticas como no do comércio internacional.

As mudanças passam a valer em 180 (cento oitenta) dias após a publicação no Diário Oficial da União. No final de 2011, foi publicada a Lei Federal nº 12.529, que alterou o procedimento de revisão e aprovação dos atos de concentração submetidos à análise do Conselho Administrativo de Defesa Econômica (CADE), sendo que essa nova regulamentação passará a valer a partir de 30 de maio de 2012.

De maneira geral, a nova lei do CADE não trouxe mudanças relevantes nos conceitos inerentes à proteção da livre concorrência no Brasil, porém introduziu diversas modificações no regime processual de análise de operações que possam repercutir negativamente nos mercados brasileiros.

A principal mudança diz respeito ao momento de submissão. O processo de fiscalização pelo CADE, que era posterior à concretização dos negócios entre as partes, passa a ser prévio, ou seja, as empresas interessadas na aquisição de novos negócios, bem como na realização de parcerias empresarias e operações de fusão entre concorrentes, somente poderão concretizar suas operações após a aprovação da transação pelo CADE.

Nesse sentido, a nova lei do CADE alinhou – se com a legislação estrangeira, em especial com a regulamentação norte – americana, passando a prever um sistema de aprovação prévia das operações que possam criar obstáculos à livre concorrência no País.

Alteraram – se também os critérios de sujeição das operações à fiscalização do CADE, passando a ser objeto de análise apenas as operações nas quais os grupos envolvidos estejam enquadrados em critérios objetivos de faturamento, não se aplicando mais o critério de percentual de mercado relevante superior a 20% previsto na lei anterior.

Assim, para fins de submissão da operação ao CADE, uma das partes ou grupos envolvidos na operação deverá ter apurado, no ano anterior à transação, faturamento bruto igual ou superior a R$ 400.000.000,00 (quatrocentos milhões), sendo que, cumulativamente, uma outra parte ou grupo desse negócio deva ter verificado, no mesmo período, faturamento bruto igual ou superior a R$ 30.000.000,00 (trinta milhões).

Ainda conforme a nova regulamentação, o processo passa a não ser mais submetido ao parecer prévio da Secretaria de Acompanhamento Econômico (SEAE), sendo que a análise da relevância econômica da operação será feita pelo próprio CADE, que cumulará a análise e julgamento dos processos em um único órgão que vem sendo chamado pela mídia de *"Super – CADE"*.

A despeito da consolidação do procedimento em apenas um órgão, o processo administrativo não deve se tornar mais célere, sendo que a nova lei do CADE prevê o prazo máximo de 240 (duzentos e quarenta) dias para análise da operação apresentada, o que, do ponto de vista do negócio, pode inviabilizar ou dificultar sobremaneira a concretização das transações entre as partes.

A Nova Lei do CADE, todavia, ainda depende de uma regulamentação mais aprofundada, razão pela qual se espera, para os próximos meses, a divulgação de norma interna do CADE para melhor regulamentação desse novo processo de fiscalização, fixando-se as condições para apresentação das transações para a análise e aprovação do órgão e, especialmente, indicando como funcionará o Super – CADE neste momento inicial.

3 – A IMPORTÂNCIA DO ARTIGO 170 DA CONSTITUIÇÃO FEDERAL

O art. 170 vai apresentar a ordem econômica, mas não esgota a matéria. Vamos estudar os princípios, sendo que alguns deles têm correspondência no art. 1º e no art. 3º da CF/88.

Vejamos o art. 170:

> *"A ordem econômica, fundada na valorização do trabalho humano e na livre iniciativa, tem por fim assegurar a todos existência digna, conforme os ditames da justiça social, observados os seguintes princípios:"*

A interpretação literal nos levaria a concluir que os princípios seriam estes elencados. No caput nós já extraímos esses princípios. Por coincidência ou não, o princípio da valorização do trabalho humano vem antes do que o princípio da livre iniciativa e, a rigor, nós vamos encontra-los no art. 1º da CF/88, incisos I e III.

O art. 3º traz ainda, "constituem objetivos fundamentais da República Federativa do Brasil" e no inciso II traz um princípio nitidamente de Direito Econômico, mas que não aparece no art. 170, "garantir o desenvolvimento nacional".

Nós mencionamos que na noção do direito econômico, a busca do desenvolvimento econômico é a palavra chave, tanto quanto à ordem econômica interna quanto à nova ordem econômica internacional.

O princípio da livre iniciativa, que é um dos valores fundamentais do capitalismo, se subdivide em: liberdade de empreendimento, liberdade de organização e liberdade de contratação. Aqui mencionamos o dirigismo contratual como um limitador da liberdade de contratação, que nada mais é do que um desdobramento do princípio da livre iniciativa.

Pois bem, exatamente como esses princípios não são valores absolutos, nós vamos facilmente perceber, por ex., na livre iniciativa, mais especificamente na vertente liberdade de contratação, nós vamos ter contratação de matéria prima, contratação de mão-de-obra, contratação de produto final.

De qualquer maneira a liberdade de iniciativa e de contratação vai se conjugar com o princípio da valorização do trabalho humano, que vai significar, portanto, a inserção dos direitos sociais. Vai funcionar como um limitador da livre iniciativa. A livre contratação não pode deixar de aplicar o princípio da valorização do trabalho humano.

A Dignidade da pessoa humana, vai servir como norteador, no próprio caso da ponderação de interesses, embora não haja propriamente hierarquia entre os princípios, nós não temos como em abstrato, a priori, apontar o princípio que vai preponderar.

A justiça social também vai estar funcionando aí como um limitador do princípio da livre iniciativa. E também aqui a própria intervenção do Estado no domínio econômico não deixa ser um fator limitador do princípio da livre iniciativa, abandonando o caráter absoluto.

A livre iniciativa do Estado Liberal Clássico não aceitaria, não poderia conviver com a intervenção do Estado no domínio econômico, mas atualmente o princípio está limitado pela intervenção estatal.

Não se perde da perspectiva a opção do legislador, a opção pelo tipo de economia, a opção ideológica, a questão da ideologia constitucionalmente adotada é no sentido de uma economia descentralizada, é o princípio da livre iniciativa mais a propriedade privada. A opção do legislador constituinte é no sentido de uma economia descentralizada.

Não há uma norma expressa neste sentido, mas é o que se infere do princípio da livre iniciativa mais o princípio da propriedade privada, que são valores fundamentais do capitalismo, um capitalismo intervencionista porque a própria Constituição vai consagrar formas de intervenção do Estado na atividade econômica. Então é princípio da propriedade privada, que se conjuga com o princípio da função social, o exercício desse direito há que se pautar na função social.

Veja-se que a propriedade privada já aparece no art. 5º da CF/88, mas aqui adquire uma conotação econômica como um dos valores do capitalismo. Apenas quem tem a propriedade privada do capital é que vai ter a liberdade de empreender.

O inciso I trata da soberania nacional enquanto princípio constitucional econômico. Nós temos o conceito clássico de soberania, mas aqui nós vamos ter uma conotação de direito econômico. É da característica do direito econômico uma releitura dos institutos, uma nova metodologia de abordagem dos institutos.

Aqui a inserção da soberania nacional entre os princípios constitucionais econômicos nos traz uma idéia de que é um compromisso do Estado, um objetivo do Estado romper com a dependência econômica em relação aos estados centrais, romper com a situação de colônia dependente da metrópole. Mas soberania nacional, por um lado, não significa isolamento econômico.

As políticas protecionistas tendem a se ceder diante de uma economia globalizada, mas é importante fazermos menção aqui ao artigo 219 da CF/88 que consagra:

> *"mercado interno como integrante do patrimônio nacional e será incentivado de modo a viabilizar o desenvolvimento cultural e sócio--econômico, o bem estar da população e a autonomia tecnológica do País, nos termos de lei federal".*

Mais adiante irá de descrever como fica a questão da política econômica e a defesa do mercado interno diante da revogação do art. 171 (CF/88), que fazia entre o capital nacional e estrangeiro, como fica o regime do capital estrangeiro tendo que se conciliar a soberania nacional (art. 219) com o desenvolvimento econômico, porque a soberania nacional dá a idéia de isolamento, mas teremos que aplicar a teoria da ponderação de interesses.

É importante nós mencionarmos, em termos de soberania, o que dispõe o art. 4º, § único da CF/88:

> *"A República Federativa do Brasil buscará a integração econômica, política, social e cultural dos povos da América Latina, visando à formação de uma comunidade latino-americana de nações."*.

Essa é uma norma programática que deve ser interpretada sistematicamente. A rigor não há como se alcançar esse objetivo se não houver uma reforma nesta parte relativa à vigência dos tratados internacionais, de qualquer maneira essa idéia de soberania nacional vai sofrer reformulações diante desse contexto de integração em comunidades regionais.

A soberania que normalmente era intangível vai cedendo a uma idéia de soberania divisível, onde o Estado pode abrir mão de parcela desta soberania, como é o caso dos estados integrantes da Comunidade Européia, da União Européia, na medida em que há a formação de órgãos supra-nacionais, com a delegação dos estados em prol destes órgãos.

Seguindo, nós vamos ter no inciso IV o princípio da livre concorrência. Esta é a primeira vez que este princípio aparece expressamente na Constituição, mas seria um desdobramento do próprio princípio da livre iniciativa.

Vimos que o direito econômico surge indissociado com a crise do capitalismo, com as imperfeições do capitalismo liberal, em que uma delas é a concentração econômica, que coloca em risco o princípio da livre iniciativa, é o efeito auto-destrutivo do capitalismo, então o Estado vai estar legitimado a intervir para assegurar essa liberdade de concorrência, reprimindo as concentrações econômicas. É o que vai estar expresso no § 4º do art. 173 da CF/88:

> **"a lei reprimirá o abuso de poder econômico que vise à dominação dos mercados, à eliminação da concorrência e ao aumento arbitrário dos lucros"**.

Voltando ao princípio da livre concorrência, a exemplo dos demais, não é um valor absoluto, então vamos conviver com o princípio da livre concorrência e algumas formações tidas como concentração econômica, fenômeno concentracionista convivendo com o princípio da livre concorrência.

Na seqüência temos **a defesa do consumidor**, que certamente como sujeito do direito econômico, mas é importante a gente perceber que, na verdade, o enfoque que vai ser dado ao consumidor, para fins de direito econômico (como já visto, este pressupõe um aspecto macroeconômica). O direito econômico não vai se ocupar propriamente da aplicação do Código de Defesa do Consumidor no que se refere às relações individuais pontuais, assume relevância para o direito econômico quando os consumidores figuram enquanto sujeitos de direito econômico, de forma agregada.

Quanto à **defesa do meio ambiente**, é a necessidade de preservação dos recursos naturais. E aqui vamos conjugar a defesa do meio ambiente com o princípio do desenvolvimento econômico. Nasce daí a idéia de desenvolvimento sustentável, que está na ordem econômica internacional.

Os incisos VII, VIII e IX são apontados pela doutrina são apontados como objetivos e não como princípios, mas que trazem valores, que seriam redução das desigualdades regionais e sociais, ou seja, a busca pelo desenvolvimento econômico, equilíbrio; busca do pleno emprego, que reforça o princípio da valorização do trabalho humano; tratamento favorecido para as empresas de pequeno porte constituídas sob as leis brasileiras e que tenham sua sede e administração no país, esse tratamento favorecido, entenda-se, um tratamento diferenciado em virtude das diferenças entre as empresas de pequeno porte constituídas sob as leis brasileiras e que tenham sua sede e administração no país.

Não é tratamento privilegiado, não é um privilégio, aplica-se aqui o princípio da isonomia, mas tendo em vista esse fenômeno concentracionista, ou seja, com a tendência de as grandes empresas absorverem as de pequeno porte, essa intervenção do Estado vai estar voltada para minimizar essa diferença sob o ponto de vista econômico.

O § único do art. 170 traz ainda o seguinte enunciado: *"é assegurado a todos o livre exercício de qualquer atividade econômica, independentemente de autorização de órgãos públicos, salvo nos casos previstos em lei".* É a consagração da livre iniciativa, mas sofre limitações, diversas limitações, então muitas vezes vai depender sim de autorização.

Para a idéia de constituição econômica faltam as formas de intervenção do Estado no domínio econômico.
- **DIRETA:** O Estado assume a função de agente econômico
- **INDIRETA:** Interfere na conduta dos agentes econômicos (art. 174)

A doutrina faz distinção entre intervenção e atuação. Atuação seria na esfera própria e intervenção seria na esfera de outrem. Mas isso para nós não serve muito pois quando o Estado atua de forma direta na atividade econômica significa que ele próprio assume a condição de agente econômico no sentido da exploração da atividade econômica produtiva, então nós poderíamos considerar isso como uma intervenção, ou seja, como o Estado atuando na esfera de outrem, seria da iniciativa privada, ora, mas se ele próprio está atuando ele é o agente. Fica a crítica. De novo é aquela idéia de que nós devemos avaliar as classificações úteis e as não úteis.

Quando ele atua de **forma indireta**, o Estado interfere no comportamento dos agentes econômicos, mas sem assumir essa qualidade de agente econômico, então aqui ele funciona na função de disciplinador, regulador, de fiscalizador, mas sem tomar parte ele próprio.

Ele pode fazer isso sob o regime concorrencial ou sob o regime de monopólio. Sob o regime concorrencial, ele vai estar atuando como agente econômico ao lado, paralelamente aos demais agentes econômicos, enquanto no regime de monopólio há a absorção de determinado setor da atividade econômica. Aqui nós vamos ter assentado nos art.s 173 e 177, respectivamente.

Dispõe o art. 173, *"ressalvados os casos previstos nesta Constituição, a exploração direta de atividade econômica pelo Estado só será permitida quando necessária aos imperativos da segurança nacional ou a relevante interesse coletivo, conforme definido em lei"*. Consagra-se aqui o princípio da subsidiariedade, ou seja, a exploração da atividade econômica é própria da iniciativa privada e subsidiariamente o Estado pode atuar em seara que seria própria da iniciativa privada.

Na verdade, o art. 173 traz uma exceção, não uma regra, ou seja, a exploração vai se dar apenas em caráter excepcionalmente. A Carta Constitucional anterior falava em "caber à iniciativa privada preferencialmente", então naquele momento havia quase que um compartilhamento da exploração da atividade econômica pelo setor público, o Estado teria uma faculdade de explorar a atividade. A redação atual é bem diferente e a atividade pelo Estado, via de regra, estaria vedada.

Até porque essa lei é que vai estabelecer a finalidade para a qual as entidade serão criadas. Nesse art. 173, ele vai pautar a criação dessas entidades para a exploração de atividade econômica, assim como ele vai servir para o movimento inverso, que seria o fundamento constitucional do processo de desestatização..

O art. 177 diz expressamente que "constituem monopólio da União: a pesquisa e a lavra das jazidas de petróleo e gás natural (...)". Se nós fizermos a leitura deste inciso, vamos perceber que são três as hipóteses de ocorrência de monopólio: petróleo, gás natural e minerais nucleares. São seis tratos: a pesquisa, a lavra, o enriquecimento, o reprocessamento, a industrialização e o comércio de minérios e de minerais nucleares e seus derivados.

Pois bem, o § 1º do art. 177, com a redação dada EC n.º 9/95, permite uma abertura desse monopólio, é a seguinte a redação, *"a União poderá contratar com empresas estatais ou privadas a realização das atividades previstas nos incisos I a IV deste artigo, observadas as condições estabelecidas em lei"*, os incisos I a IV referem-se a petróleo e gás natural, então fica de fora dessa abertura do monopólio os minerais nucleares, agora o que significa essa possibilidade da União contratar? Nós não podemos perder de perspectiva que monopólio diz respeito à exploração direta pelo Estado, como agente econômico, da atividade econômica.

Ora, sendo assim, essa contratação aí não significa contrato *(inaudível)* de prestação de serviço público, então é isso que vai justificar a afirmação de que o monopólio subsiste, pois poderia se pensar que se a União pode contratar com empresas estatais e até mesmo empresas privadas não haveria mais monopólio. Não é esta a interpretação que devemos fazer, na verdade o monopólio subsiste, o que ocorre é uma flexibilização deste monopólio, não apenas porque o § 1º tem que ser interpretado de acordo com o caput do art. 177, mas além disso, porque só faz sentido dizer que a União pode contratar a exploração desta atividade econômica se nós considerarmos a existência do monopólio, pois do contrário a atividade econômica (art. 174) é livre.

Ora, não haveria que se falar em contratação da exploração da atividade econômica diante de uma hipótese de monopólio porque do contrário caberia à iniciativa privada independentemente de contratação pela União, fica claro isso? Fala-se que o monopólio subsiste apenas com uma flexibilização, isso fica reforçado se levarmos em conta o próprio art. 20, quanto aos bens da União, os recursos minerais, recursos naturais de modo geral.

Agora quanto aos minerais nucleares o monopólio permanece hígido, e isso está reforçado pelo art. 21, XXIII, que compete à União *"explorar os serviços e instalações nucleares de qualquer natureza e exercer monopólio estatal sobre a pesquisa, a lavra, o enriquecimento e reprocessamento, a industrialização e o comércio de minérios nucleares e seus derivados, atendidos os seguintes princípios e condições"*.

No caso de utilização de radioisótopos (alínea b deste dispositivo) também seria possível.

Com relação a gás natural, o art. 25, § 2º no que se refere a gás canalizado, estabelece que cada um dos estados *"explorará diretamente, ou mediante concessão, os serviços locais de gás canalizado, na forma da lei"*.

Concluindo, em relação aos minerais nucleares permanece o monopólio e em relação ao petróleo e gás natural ocorreu uma flexibilização do monopólio, e aí a ressalva lá do art. 173, segundo a doutrina, *"ressalvados os casos previstos nesta Constituição (...)"*, ou seja, ressalvados os casos, ressalvados os casos de monopólio, em que se dá a atividade econômica direta pelo Estado. Não que não fossem exigíveis os requisitos, os imperativos de segurança nacional e o relevante coletivo, mas por uma questão de presunção, o legislador constituinte já definiu as hipóteses de monopólio, então a doutrina vai apontar o monopólio como uma das ressalvas do artigo 173, a outra ressalva seria a prestação de serviço público, que nós vamos abordar.

A exploração indireta da atividade econômica pelo Estado, como já foi dito, significa o Estado atuando de forma a intervir, mas sem assumir a condição de agente econômico, portanto é a função reguladora que está associada à própria origem do direito econômico como resposta às imperfeições do capitalismo liberal, entre elas a falta de capacidade de auto-regulação, então o Estado vai intervir para regular a atividade econômica, é o art. 174, *"como agente normativo e regulador da atividade econômica, o Estado exercerá, na forma da lei, as funções de fiscalização, incentivo e planejamento, sendo este determinante para o setor público e indicativo para o setor privado"*.

Ora, é importante lembrar que a intervenção indireta pelo Estado na atividade econômica, numa economia do tipo descentralizada tem por característica uma intervenção global. A questão do planejamento não poderia ser diferente do que está estabelecido, meramente indicativo, não vincula, sob pena de descaracterizar uma economia descentralizada para uma economia planificada. Em termos de planejamento nós não temos muita tradição, nossa experiência é até certo ponto negativa, nós assistimos tantos planos econômicos relâmpagos e mirabolantes que buscavam solucionar todos os problemas num passe de mágica. Não é esse é o planejamento que se estabelece.

4 – A Defesa da Concorrência

Foi feita uma introdução para afirmar que a defesa da concorrência, o direito antitruste surge em resposta a uma das imperfeições do capitalismo, que é exatamente a concentração econômica como um efeito autodestrutivo do capitalismo liberal, na medida em que a concentração econômica coloca em risco as bases, um dos valores fundamentais do capitalismo que seria a liberdade de iniciativa, só que paulatinamente o direito antitruste que num primeiro momento tutela a livre concorrência em si, vai assumindo um caráter instrumental para a implementação de políticas econômicas, políticas públicas.

Vale dizer que essa concentração econômica, de acordo com a própria evolução do capitalismo, nem sempre vai ser considerada maléfica como nessa origem de modo a ser objeto de repressão.

Daí falarmos em:

a) concentração econômica reprimida;
b) concentração econômica consentida ou tolerada;
c) concentração econômica estimulada.

E por que? Porque liberdade de concorrência não é um valor absoluto, não é um fim em si mesmo. Então, tendo em vista determinadas circunstâncias, e desde que essa concentração traga algum benefício em termos da economia não necessariamente vai ser objeto de repressão.

Pois bem, o art. 173, § 4º da CF/88 vai trazer menção à concentração econômica reprimida, "a lei reprimirá o abuso do poder econômico que vise à dominação dos mercados, à eliminação da concorrência e ao aumento arbitrário dos lucros".

Então vejam:

I) dominação dos mercados;
II) eliminação da concorrência;
III) aumento arbitrário dos lucros

Ora, para nós analisarmos cada um desses tipos, cada uma dessas infrações administrativas, nós temos que ter em mente exatamente aquela noção que nós vimos na aula passada, a noção de mercado relevante, que ao lado das regras de tolerância e da ponderação do jogo de interesse protegido vai exatamente configurar a flexibilidade que é da característica do direito administrativo.

Regras de tolerância do nosso caso vão ser as regras do art. 54 da lei n.º 8884, que prevê a possibilidade de autorizar, portanto tolerar... essas regras de tolerância nós nos referimos, né? Regra da razão of reason do direito norte-americano, regra de isenção e regras de autorização. Na verdade significa da incorporação às legislações antitrustes de ressalvas quanto à aplicação das normas repressivas. Mas para a gente compreender o art. 54 nós temos que analisar primeiro as infrações à ordem econômica. O art. 173, § 4º está regulamentado pela lei 8884, que no artigo 20 vai trazer menção a exatamente essas hopóteses.

O § 4º do art. 173 faz menção à expressão "que vise", tenham cuidado, não significa o aspecto subjetivo no sentido da intenção do infrator, não! Na verdade essa expressão contida no § 4º do art. 173 nos dá a idéia de resultado a ser produzido. É a conduta no sentido de estar apta a produzir aqueles resultados, por isso é que se fala que contribuiu para a infração à ordem econômica tanto o dano potencial quanto o dano efetivo, ou seja, não necessariamente precisa-se atingir o resultado, desde que a conduta seja apta a produzi-los, e isso vai ficar muito claro no art. 20 da lei n.º 8884, que afasta exatamente o elemento subjetivo, traz muito evidente que se trata de responsabilidade objetiva, responsabilidade objetiva no sentido da responsabilidade independente de culpa, sem a análise de qualquer elemento subjetivo.

Detalhe que vale à pena ressaltar é que a responsabilidade civil no âmbito do direito civil está relacionada com condutas lícitas, mas tendo em vista a necessidade de socialização do dano, enquanto que aqui estamos diante de condutas ilícitas, de ilícitos administrativos, portanto entenda-se responsabilidade civil objetiva como responsabilidade sem culpa, o que aliás é comum diante de infrações administrativas, vide infrações de trânsito por ex., onde também não há que se perquirir o elemento objetivo. Então vamos à leitura do caput do art. 20 que deixa bem claro o que acabamos de afirmar, *"constituem infração da ordem econômica, independentemente de culpa, os atos sob qualquer forma manifestados, que tenham por objeto ou possam produzir os seguintes efeitos, ainda que não sejam alcançados"*, então ao invés do dano efetivo, é o dano potencial, que a conduta esteja apta a produzir esses resultados. Inciso I, "limitar, falsear ou de qualquer forma prejudicar a livre concorrência ou a livre iniciativa", então o inciso I do art. 20 corresponde a esse item do §4º do art. 173 da CF/88. Inciso II, *"dominar mercado relevante de bens ou serviços"*, dominação de mercado de mercado também está aqui[4], né?. Inciso III, *"aumentar arbitrariamente os lucros"*, também corresponde a um item do §4º do art. 173 da CF/88. Mas o art. 20 traz ainda um inciso IV, "exercer de forma abusiva posição dominante", então é o abuso de posição dominante.

Quem fizesse uma primeira leitura do art. 20 poderia questionar o seguinte: "mas esse inciso não está incluído no § 4º do art. 173, então poderia o legislador infraconstitucional estabelecer uma hipótese para além do que está estabelecido no § 4º do art. 173?". O que a gente vai perceber é que esse inciso não está aparentemente expresso no art. 173, mas a rigor, abuso de posição dominante acaba por se confundir com dominação de mercado, e por quê?

Bem, a dominação de mercado ou posição dominante está ligado à idéia do controle sobre o mercado relevante, é a possibilidade, é a posição do agente que lhe permite controlar os demais concorrentes, os demais agentes econômicos, interferir no comportamento desses agentes, de forma independente, de forma autônoma. Isso que caracteriza a dominação de mercado, ora, mas como o próprio direito antitruste vem paulatinamente abandonando a tutela, pura e simplesmente, da livre concorrência, o que a gente vai perceber é que, na verdade, o direito antitruste que num primeiro momento se ocupava

---

[4] Refere-se ao § 4º do art. 173 da Constituição Federal

com as estruturas do mercado, cada vez mais está voltado para o aspecto do comportamento do agente econômico. Então não é a posição dominante em si e por si que vai configurar infração contra a ordem econômica. A infração se caracteriza a partir do comportamento que esse agente, em posição dominante, possa adotar.

O § 2º do art. 20 inclusive traz uma definição sobre posição dominante: **"ocorre posição dominante quando uma empresa ou grupo de empresas controla parcela substancial do mercado relevante** como fornecedor, intermediário, adquirente ou financiador de um produto, serviço ou tecnologia". Então posição dominante seria controle de parcela substancial do mercado relevante. Isso é posição dominante, nós ainda vamos ver a questão da abusividade. E quando é que isso vai acontecer? Para compreendermos essa questão do controle do mercado relevante é importante a gente analisar uma classificação que é muito bem descrita pelo João Bosco Leopoldino da Fonseca, que é a noção de concorrência perfeita.

Então de um lado nós temos a idéia de concorrência perfeita, que se contrapõe de outro lado a uma noção de monopólio, a uma noção de concentração econômica em último grau, na verdade quando se fala em eliminação da concorrência não se leva em conta a idéia de monopólio como uma concentração integral de um determinado relevante, não é necessária uma concentração de 100% (cem por cento) do mercado relevante. Não é isso, é a eliminação da concorrência ainda que parcial desse mercado, pois bem, aqui nós teremos uma situação extrema de uma absorção do mercado relevante que se contrapõe à idéia de concorrência perfeita, então para João Bosco Leopoldino da Fonseca, a noção de concorrência perfeita está ligada de atomicidade e fluidez do mercado relevante.

Atomicidade no sentido de se considerar cada componente, cada um dos agentes econômicos que compõe aquele mercado relevante, daquele segmento em causa, ele há de ser considerado um átomo, no sentido de que o seu comportamento não vai necessariamente interferir no conjunto de átomos que dinamicamente interagem naquele mercado relevante, então a idéia de fluidez é a idéia de mercado relevante dinâmico. Ora, na verdade, quando a gente percebe uma situação de concentração econômica, nós começamos a nos afastar dessa idéia de concorrência perfeita.

A idéia de concorrência perfeita seria quase que utópica no sentido da colocação desse mercado tão aberto, tão fluido, composto por agentes econômicos na situação de átomos, sobretudo na medida em que essa concentração econômica vai sendo consentida pelas legislações, em alguns casos até estimulada, nós vamos conviver aqui com uma noção intermediária que seria a noção de concorrência imperfeita, em que nós vamos ter algum de concentração econômica, de qualquer maneira quando falamos em posição dominante e portanto nessa capacidade controle de parcela substancial do mercado relevante nós temos em visto o que, exatamente afastar-se dessa situação de concorrência perfeita, porque numa concorrência perfeita não se concebe que um dos agentes, se ele é apenas um átomo, como é que ele vai conseguir controlar os demais agentes econômicos daquele mercado, percebe? Então, em última análise, quando falamos em dominação do mercado e controle do mercado a gente está falando de algum grau de concentração econômica e, em última análise, em eliminação da concorrência, porque nós só vamos conceber alguém que possa dominar o mercado, ou seja, influir e interferir no comportamento dos demais agentes econômicos sem que em contrapartida sofra as pressões próprias do mercado quanto menor seja o grau de concorrência, de competitividade desse mercado.

Então vamos tentar explicar de uma outra forma. Controle de um mercado relevante significa que um determinado agente econômico ou grupo de agentes econômicos tem a capacidade de interferir no mercado relevante, por ex., ele alterou o preço da mercadoria dele e isso vai repercutir na esfera dos demais agentes, mas sem que ele sofra, em contrapartida, a interferência desses outros agentes, ele vai estar atuando de forma independente, de forma autônoma, independente da existência e do comportamento desses outros agentes econômicos, ele interfere sem que sofra interferência desses agentes, pressões do mercado, então, ora, ele só vai conseguir isso fora de uma noção de concorrência perfeita, se aqui ele é meramente um átomo, ele não vai conseguir interferir de forma independente, de forma autônoma. Então ele aumentou o preço dele e numa idéia de concorrência perfeita ele vai ter que reduzir porque o próprio mercado vai pressionar para isso.

A liberdade de concorrência significa a liberdade de ingressar, permanecer ou retirar-se do mercado relevante sem que isso traga efeitos a esse mesmo mercado. É a possibilidade de ingressar, permanecer ou sair desse mercado sem que isso cause efeitos para os demais agentes econômicos concorrentes, então, ora, se essa posição dominante, esse controle do mercado relevante significa a possibilidade do agente econômico interferir no comportamento dos demais sem sofrer, em contrapartida, essas pressões de uma situação de concorrência perfeita, de um mercado fluido, em outras palavras o que estamos falando que só vai haver posição dominante quanto menor for o grau de competitividade daquele mercado, quanto mais ele se afasta dessa noção de concorrência perfeita porque se o grau de competitividade for elevado, o agente não consegue assumir essa posição de controlar esse mercado, e aí vão prevalecer as regras de concorrência perfeita: atomicidade e fluidez.

E é nesse sentido que a gente coloca que posição dominante e dominação de mercado se confundem enquanto controle do mercado relevante e além disso só configuram infração contra a ordem econômica portanto tendo em vista o aspecto da abusividade, então não é meramente a posição dominante e sim o comportamento que o agente em posição dominante passe a adotar. Então vamos dizer, o sujeito pode ter, inclusive essa posição dominante aqui é presumida, a partir de 20% do mercado relevante, essa parcela de 20% ou mais do mercado relevante, já é configurada a posição dominante, mas nem por isso vamos ter a hipótese de infração à ordem econômica, vai depender do comportamento daquele que está em posição dominante, em se configurar de forma abusiva.

Essa presunção está estabelecida no § 3º do art; 20, "A posição dominante a que se refere o parágrafo anterior é presumida quando a empresa ou grupo de empresas controla 20% (vinte por cento) de mercado relevante, podendo este percentual ser alterado pelo CADE para setores específicos da economia", por quê? Porque vai depender das características do mercado relevante, se é um mercado relevante mais amplo ou com uma concorrência em potencial, pode ser que 20% seja excessivo, ou do contrário, pode ser um mercado relevante mais contido em que 5% já configure essa situação de possibilitar que o agente econômico controle do mercado relevante.

Ora, essa é uma presunção relativa no sentido de que a posição dominante por si só não configura infração contra a ordem econômica, então quem tem 20% ou mais do mercado relevante, de um lado vai necessariamente se submeter a uma fiscalização direcionada, então de qualquer maneira podemos mencionar aí que um dos efeitos da posição dominante está previsto no art. 14, inciso II, "compete à Secretaria de Direito Econômico acompanhar permanentemente as atividades e práticas comerciais de pessoas físicas ou jurídicas que detiverem posição dominante em mercado relevante de bens ou serviços, para prevenir infrações da ordem econômica.

Então quem tem acima de 20% está presumidamente em posição dominante, vai sofrer uma fiscalização por parte da Secretaria de Direito Econômico, mas só vai incorrer em infração se do seu comportamento pudermos inferir uma conduta abusiva. É o exercício do direito desviado de suas finalidades, dos fins sociais do direito, e visando um prejuízo de terceiro, então essa idéia de abusividade vai estar obrigatoriamente presente

Se a posição dominante só se concebe, quando o grau de competitividade for baixo, porque do contrário, o agente vai ser meramente um ato e ele vai estar sujeito às condições do mercado, ao invés dele próprio impor as regras do mercado, ao invés dele interferir de forma independente e autônoma no comportamento dos outros agentes. O que a gente está falando em última análise, é que o abuso de posição dominante que se confunde com a noção de dominação de mercado que em um e em outro caso a gente vai ter presente a idéia de abuso, na verdade se subsumem na situação eliminação da concorrência. Percebem isso? Porque em última análise o que está em risco é a concorrência, quanto maior for o grau de concorrência menor a chance de um agente alcançar essa posição de dominância.

Então, um e outro se subsumem aqui na hipótese de eliminação de concorrência. Mas, a recíproca não é verdadeira, nem toda infração do tipo eliminação da concorrência vai se configurar a partir de uma posição dominante ou de uma situação de dominação de mercado, que significa a mesma coisa. Então, a gente vai poder ter, por exemplo, uma situação em que determinados agentes econômicos que não estejam em posição dominante, nem mesmo somada a sua participação no mercado, podem entrar em acordo sobre o preço, por exemplo, para interferir no comportamento, para produzir efeito naquele mercado, no sentido de prejuízo aos demais agentes concorrentes daquele mercado. Então, eles não estão em posição dominante, nem mesmo somado a sua participação mas, estão incorrendo em prática do tipo eliminação do concorrência.

Já foi vistas as hipóteses de infração à ordem econômica e as penalidades aplicadas, resta agora analisarmos aquela situação de tolerância, a regra de autorização e de aprovação que compete também ao CADE, é o que prevê o art. 54 basicamente, a gente vai encontrar referência também no art. 7º, inciso

XII, "compete ao CADE apreciar os atos ou condutas, sob qualquer forma manifestados, sujeitos à aprovação nos termos do art. 54, fixando compromisso de desempenho, quando for o caso", então vamos analisar primeiro o art. 54 e aí nós vamos fazer menção também ao compromisso de desempenho.

O art. 54 estabelece que "Os atos, sob qualquer forma manifestados, que possam limitar ou de qualquer forma prejudicar a livre concorrência, ou resultar na dominação de mercados relevantes de bens ou serviços, deverão ser submetidos à apreciação do CADE", então dominação de mercado. Ora, são duas situações tipificadas como infração à ordem econômica, que deverão ser submetidas à apreciação do CADE.

Para eventualmente serem aprovadas, por isso é que a gente fala da tolerância a determinadas práticas restritivas da concorrência, que em tese configuram infração contra a ordem econômica e por isso devem ser submetidas previamente à apreciação do CADE, inclusive há uma classificação da doutrina quanto aos procedimentos administrativos junto ao CADE nós vamos ter repressivos ou preventivos, que aqui deflagrados de ofício ou por provocação do interessado. O CADE vai ter uma atuação repressiva, no sentido de repreender as infrações à ordem econômica e uma atuação no sentido de prevenir a prática de infrações à ordem econômica.

Então cuidado com essa expressão "preventiva", pois na verdade significa uma atuação prévia, antes que se possa considerar determinada conduta como infração à ordem econômica, o interessado submete, previamente, então essa atuação significa uma atuação prévia, não confundir com medidas preventivas que podem ser tomadas no âmbito do processo repressivo (art. 52).

Mas é uma atuação no sentido do CADE ser chamado a apreciar previamente a prática do ato. Agora, nós vamos estar no limite entre o que configura infração contra a ordem econômica e o que vai ser tolerado. E o que vai ser tolerado na verdade vai ser considerada prática lícita e não ilícito administrativo. E chamo a atenção dos senhores para o seguinte aspecto, aumento arbitrário dos lucros em hipótese alguma pode ser tolerado, o próprio caput do art. 54 exclui a possibilidade de se tolerar o aumento arbitrário dos lucros, somente as outras que em tese constituem infração poderão ser submetidas e aprovadas pelo CADE.

Então a aprovação pelo CADE se dá a partir da análise dos requisitos do art. 54 e parágrafos da lei 8884. § 1º, "O CADE poderá autorizar os atos a que se refere o caput, desde que atendam as seguintes condições: I – tenham por objetivo, cumulada ou alternativamente, a) aumentar a produtividade; b) melhorar a qualidade de bens ou serviço; ou c) propiciar a eficiência e o desenvolvimento tecnológico ou econômico".

Então o que se está falando é exatamente daquela noção de concentração econômica consentida ou estimulada, desde que traga outros benefícios que possam compensar aquela prática restritiva da livre concorrência, a gente está falando da defesa da concorrência, mas como sabemos que não é um valor absoluto, estamos falando de tolerância de determinadas práticas que violam a livre concorrência sim, mas que são toleradas porque trazem outros benefícios que compensam essa restrição à livre concorrência, em outras palavras a gente está falando da aplicação do princípio da ponderação de interesses. Quais são esses outros benefícios?

Aumento da produtividade, melhoria da qualidade dos bens, eficiência do desenvolvimento tecnológico. O § 2º vai trazer ainda "Também poderão ser considerados legítimos os atos previstos neste artigo, desde que atendidas pelo menos três das condições previstas nos incisos do parágrafo anterior, quando necessários por motivo preponderantes da economia nacional e do bem comum, e desde que não impliquem prejuízo ao consumidor ou usuário final", então além desses benefícios elencados no §1º, o § 2º vai fazer menção a motivo preponderantes da economia nacional, então esses benefícios vão ser analisados tendo em vista a economia nacional, em outras palavras, tendo em vista a política econômica.

Fica claro esse caráter instrumental do direito antitruste. É o direito antitruste como instrumento da política econômica, na medida em que determinadas práticas restritivas da concorrência vão ser toleradas sob a perspectiva de trazerem benefícios outros que compensem. E esse seria o fundamento para a aprovação do CADE. Vale registrar ainda que quando o art. 54 estabelece que esses atos deverão ser submetidos à apreciação do CADE, na verdade esse processo administrativo preventivo não será deflagrado de ofício, será necessariamente por provocação, é o interessado que deve provocar o CADE, o processo repressivo é que poderá ser de ofício ou por provocação e aí seria por provocação não daquele que está a praticar a conduta, mas de algum outro concorrente no mercado ou vítima da prática.

O processo preventivo só será deflagrado por provocação do interessado, e será necessariamente deflagrado? O art. 54 estabelece que "deverão ser submetidos à apreciação do CADE", será que nós temos aí um dever jurídico que corresponda a uma conseqüência? Nós vamos perceber que no § 5º do art. 54 há a previsão de uma conseqüência para aquele que não submeteu o ato que em tese constitui infração contra a ordem econômica à apreciação do CADE. Estabelece o § 5º, *"A inobservância dos prazos de apresentação previstos no parágrafo anterior será punida com multa pecuniária".*

Mas na verdade o que vamos ter aqui é muito mais um ônus para o interessado, no sentido de evitar um mal maior, evitar um prejuízo, por quê? Nós estamos dizendo os atos, as condutas previstas no art. 54, em tese configuram infração contra a ordem econômica, então, a rigor, o interessado tem o ônus de submeter ao CADE?

Porque se ele obtém a aprovação do CADÊ ele fica ileso de um processo repressivo, de se sujeitar a uma apuração da conduta enquanto infração administrativa e da aplicação da penalidade, nesse sentido seria muito mais um ônus do que um dever, agora como são situações limites.

Na dúvida é preferível que o interessado submeta ao CADE, e há um prazo, como estabelece o § 4º, "os atos de que trata o caput deverão ser apresentados para exame, previamente ou no prazo máximo de quinze dias úteis de sua realização, mediante encaminhamento da respectiva documentação em três vias à SDE, que imediatamente enviará uma via ao Cade e outra à Seae", a gente vai ver ainda essa estrutura administrativa.

Então podemos dizer que o § 5º, se combinado com o § 4º, significa que essa multa irá incidir em razão da não observância do prazo de 15 dias, mas não propriamente de se enquadrar no art. 54, pois se o interessado não se submete, mais adiante ele poderá sofrer um processo repressivo.

E como fica a eficácia desse ato? O § 4º estabelece uma tolerância de 15 dias úteis da realização do ato. Ele estará produzindo efeitos? O CADE poderá uma condição suspensiva desse ato, do contrário ele estará produzindo efeitos até que, e desde que, haja finalmente a aprovação por parte do CADE, então a aprovação pelo CADE configura uma condição resolutiva tácita, mas já poderá estar produzindo efeitos. É o que estabelece o § 7º combinado com o §9º, "A eficácia dos atos de que trata este artigo condiciona-se à sua aprovação, caso em que retroagirá à data de sua realização; não tendo sido apreciados pelo

CADE no prazo estabelecido no parágrafo anterior, serão automaticamente considerados aprovados", e o § 9º, *"se os atos especificados neste artigo não forem realizados sob condição suspensiva ou deles já tiverem decorrido efeitos perante terceiros, inclusive de natureza fiscal, o Plenário do CADE, se concluir pela sua não aprovação, determinará as providências cabíveis no sentido de que sejam desconstituídos, total ou parcialmente, seja através de distrato, cisão de sociedade, venda de ativos, cessação parcial de atividades ou qualquer outro ato ou providência que elimine os efeitos nocivos à ordem econômica, independentemente da responsabilidade civil por perdas e danos eventualmente causados a terceiros",* então na verdade, em não aprovando o ato, ele irá regulamentar os efeitos produzidos pelo ato no decorrer do procedimento administrativo.

Afinal de contas, qual é o limite para a atuação do CADE, sobretudo essa atuação preventiva do art. 54, presentes esses requisitos dos benefícios que o ato poderá trazer é o quanto basta ao CADE para autorizar o ato que é restritivo da livre concorrência?Então quando questionamos sobre os limites da atuação do CADÊ, temos que ter em mente, primeiro, qual é a natureza dessa atribuição do CADE. O CADE teria discricionariedade nessa atuação e a esse respeito, nós sabemos que repercutiu em termos de limite da atuação do CADÊ por quê?

Porque a revisão jurisdicional desse ato em sendo discricionário é um pouco mais limitado do que os atos vinculados. É importante a gente mencionar ainda a natureza do CADE, o art. 3º vai estabelecer que "o Conselho Administrativo de Defesa Econômica (CADE), órgão judicante com jurisdição em todo o território nacional, criado pela Lei nº 4.137, de 10 de setembro de 1962, passa a se constituir em autarquia federal, vinculada ao Ministério da Justiça, com sede e foro no Distrito Federal, e atribuições previstas nesta lei", então o CADE, a partir da lei 8884, se tornou autarquia federal, o CADE já existia antes, mas como um órgão dentro da estrutura do Min. da Justiça.

Ora, se o CADE é uma autarquia federal, as suas decisões são atos administrativos, então cuidado com a expressões "órgão judicante, com jurisdição em todo o território nacional", o CADE não é órgão do Poder Judiciária, é uma autarquia federal, portanto faz parte da Administração Pública, cuidado com questão de múltipla escolha a esse respeito, pois, a rigor, é uma autarquia federal e suas decisões não gozam de definitividade, não fazem coisa julgada, o legislador possivelmente se utilizou dessa expressão porque dentro da estrutura do CADE é estabelecido todo um procedimento administrativo formal à semelhança de um processo judicial, e o CADE se incluiu entre aqueles órgãos quase judiciais, à semelhança do Tribunal Marítimo, do Conselho de Contribuintes, seria mais nesse sentido a expressão utilizada pelo legislador, mas não que se possa afirmar da exclusão da revisão judicial dos atos administrativos do CADE.

Agora, essa revisão judicial passa pela análise quanto à discricionariedade da atuação do CADE, a gente vai ter Fabio Ulhoa Coelho defendendo a seguinte posição, na verdade o CADE só uma atuação vinculada no que se refere a atribuição repressiva, no que se refere a apuração de infração contra a ordem econômica, onde o CADE não pode deixar de considerar infração aquelas situações elencadas como tais, nem pode incluir situações outras que não estejam tipificadas, mas tanto a dosimetria da pena quanto a atuação com base no art. 54 seriam discricionárias.

Na verdade o CADE vai conduzir para a análise do mercado relevante, de forma a excluir aquela hipótese de infração à ordem econômica, em última análise o CADE vai estar chancelando aquela conduta, vai estar reconhecendo como uma conduta lícita, então essa posição do Fabio Ulhoa parece um pouco delicada.

Vale registrar, ainda, a posição do Marcos Juruena V. Souto, para quem essa atribuição do CADE com base no art. 54 se configura como uma hipótese de discricionariedade técnica no sentido de que, a rigor, discricionariedade não há, dentro da doutrina administrativista quando se fala em discricionariedade técnica significa situações em que o administrador, valendo-se da aplicação de conceitos técnicos chega a um resultado também técnico, então não haveria discricionariedade, não haveria margem de escolha, o resultado seria só um, ainda que valendo-se de conceitos técnicos, mas vejam, seria essa exatamente a situação do art. 54, a posição do Marcos Juruena seria louvável uma forma de limitação da atribuição do CADE, mas o que nós poderíamos afirmar é que se fosse assim não haveria decisão que não fosse unânime entre os conselheiros, na verdade, mercado relevante, posição dominante, dominação de mercado são conceitos técnicos, nesse sentido de que de sua aplicação se alcança um resultado técnico?

Me parece que não, que na verdade são conceitos jurídicos indeterminados cuja determinação só pode ser feita diante de uma situação concreta, a própria definição de mercado relevante se dá de forma casuística, só diante do caso concreto, então haveria sim uma certa margem de discricionariedade da atuação do CADE, da delimitação no caso concreto daqueles conceitos jurídicos indeterminados.

No final das contas, o que a gente vai ter é que por força do art. 46, estabelece que *"a decisão do CADE, que em qualquer hipótese será fundamentada (...)"*, essa questão acaba sendo neutralizada pela aplicação da Teoria dos Motivos Determinantes, se a decisão do CADE necessariamente será fundamentada, o motivo apontado se tornará vinculado. Aliás, a lei do procedimento administrativo no âmbito federal já prevê essa exigência de fundamentação das decisões, então de certa forma essa controvérsia da doutrina vai ficar um pouco neutralizada desde que o CADE cumpra essa exigência, agora, se de um lado, quanto à aprovação do ato há alguma controvérsia, é importante destacar que uma fez aplicado o ato, não há discricionariedade do CADE para revê-lo, então se fosse assim, isso causaria muita insegurança nas relações jurídicas, pois uma vez aprovado pelo CADE, a pessoa vai investir recursos e não poderia ficar à mercê do CADE rever o seu entendimento, mas o CADE poderá rever sim a decisão em decisões vinculadas, então o art. 55 vai estabelecer que *"a aprovação de que trata o artigo anterior poderá ser revista pelo Cade, de ofício ou mediante provocação da SDE, se a decisão for baseada em informações falsas ou enganosas prestadas pelo interessado, se ocorrer o descumprimento de quaisquer das obrigações assumidas ou não forem alcançados os benefícios visados"*, então vejam, são esses benefícios que eu falei, o CADE vai fazer uma análise do ato, de acordo com a perspectiva de um dado mercado relevante, mas ele vai fazer uma projeção e essas obrigações assumidas significam a decorrência da atribuição do CADE de condicionar a aprovação do ato, então o CADE pode exigir determinadas condições para a aprovação do ato, ex., o ato é aprovado desde que a empresa invista uma cifra "X" durante tanto tempo, o CADE pode impor essas condições e ele vai fazer isso através do compromisso de desempenho, esse compromisso de desempenho vai trazer essas condições e vai trazer expressos esses benefícios.

Ora, mas se a gente está falando que é uma mera projeção, o CADE então supõe que aquelas práticas restritivas de livre concorrência, de acordo com as condições do mercado em que ela se insere vai redundar num aumento da oferta de empregos, por ex., se mais adiante isso não se concretizar, isso não se configurar, o ato poderá ser revisto, ou então se o CADE aprova desde que a empresa mantenha o seu quadro, para evitar desemprego e isso não se configura, ou seja, não é respeitada essa condição imposta pelo CADE, da mesma forma poderá haver a revisão desse ato.

5 – A ATIVIDADE FINANCEIRA DO ESTADO – O DIREITO PENAL ECONÔMICO

5.1 – CONCEITO

A maioria dos autores que se debruça sobre o estudo do Direito Penal Econômico concorda em afirmar que se trata esse ramo do direito de figura de definição complexa, existindo em torno dela uma grande imprecisão conceitual.

Por isso mesmo não se costuma dar uma definição de Direito Penal Econômico, mas, ao contrário, busca-se conceituá-lo, a partir da necessidade da proteção da atividade econômica, da tutela à ordem pública econômica.

Por isso se afirma que o Direito Penal Econômico visa à proteção da atividade econômica presente e desenvolvida na economia de livre mercado. Ele integra o Direito Penal como um todo, já que não possui autonomia científica, mas apenas metodológica ou didático-pedagógica, em razão da especificidade do seu objeto de tutela, e da natureza particular da intervenção penal.

Ao conceituar-se Direito Penal Econômico pode-se partir da definição ofertada por Hans Jescheck que sustenta ser ele um setor do Direito Penal que dirige sua intervenção sobre as condutas que atentam contra o conjunto total da economia.

Assim, o delito econômico é uma conduta punível porque produz uma ruptura no equilíbrio que deve existir para o desenvolvimento normal das etapas do fenômeno econômico. O comportamento delitivo, pois, atenta contra a integridade das relações econômicas públicas, privadas ou mistas, ocasionando, assim, dano ou ameaça à ordem econômica.

O bem jurídico protegido por esse setor do Direito Penal tem um caráter supraindividual, tem um conteúdo econômico-empresarial e, somente em certos casos, aparecem alguns componentes de índole individual (ainda que com estreita relação com os interesses econômicos genericamente considerados).

Isso permite afirmar que o Direito Penal não protege ou tutela a realização do fenômeno econômico em si, mas protege a integridade da ordem e, por isso, qualquer conduta que produza a ruptura desta ordem trará como conseqüência necessária uma sanção.

Ainda no âmbito da definição de Direito Penal, o professor Jorge de Figueiredo Dias aponta para as tentativas ofertadas pela criminologia – a partir de Sutherland, com o conceito de White collar crime; pela criminalística – com a ideia de violação da confiança que deve fundar o fenômeno econômico; por um critério misto – que aceita a violação da confiança, mas agrega a lesão a um bem jurídico (a ordem econômica); e, por fim, pela dogmática jurídico-penal, em Baumann, para quem o Direito Penal Econômico é a soma das normas jurídicos penais que se situam no espaço coberto pelo Direito Econômico, definindo, este, como o 'conjunto de normas que regulam a vida e as atividades econômicas e dos preceitos que de alguma forma se relacionam com a produção e distribuição dos bens econômicos'. Embora esse conceito seja criticável por sua extrema amplitude, tem sido considerado.

Assim, Direito Penal Econômico é o conjunto de normas que tem por objeto sancionar, com as penas que lhe são próprias, as condutas que, no âmbito das relações econômicas, ofendam ou ponham em perigo bens ou interesses juridicamente relevante.

5.2 – CONTEXTUALIZAÇÃO: RAZÕES QUE EXPLICAM O CRESCENTE INTERESSE PELO DIREITO PENAL ECONÔMICO

Em que contexto se desenvolve o Direito Penal Econômico? Qual as razões que explicariam o crescente interesse por esse setor do Direito Penal?

Podem ser apontadas várias causas para o fortalecimento desse ramo do Direito. Seguramente as transformações sociais operadas na sociedade, especialmente pelo fenômeno da globalização, contribuíram, e ainda contribuem para o seu fortalecimento.

Além disso, a necessidade de integração supranacional entre os países – também uma conseqüência do fenômeno da globalização – exige que cada estado mantenha um setor atuante na reprimenda aos comportamentos que atentam, de modo geral, contra a ordem econômica.

A crescente intervenção do Estado no domínio econômico contribui para o surgimento de normas penais objetivando a criação de um sistema protetor desse intervencionismo estatal.

Além disso, a estruturação de grandes empresas detentoras de forte poder econômico provoca o Estado a formular um sistema jurídico que pretende ser eficaz na proteção aos interesses de uma sociedade de massas – a norma legal como instrumento de proteção da economia nacional e popular.

Outra explicação para o crescimento do tema na experiência jurídica contemporânea é a mudança social que implicou uma alteração no paradigma da criminalidade. Evoluímos de um modelo clássico de criminalidade – onde o foco é a delinqüência individual – para um paradigma de criminalidade coletiva.

De outro modo, também se compreende que o intervencionismo na vida econômica é um pressuposto para que o Estado possa se assumir como garantidor da dignidade para a generalidade dos cidadãos que compõem a sociedade.

A crise econômica, presente ou iminente, também dá sustentação aos argumentos em favor da criminalização em matéria econômica.

Assim, as ações que se caracterizam como concorrência desleal, fraudes ao fisco, o contrabando, condutas contra a ordem econômica, contra as relações de consumo, contra os sistemas tributário, financeiro e previdenciário, são exemplos de comportamentos que se inserem nesse contexto do Direito Penal Econômico.

5.3 – FUNDAMENTOS DO D. PENAL ECONÔMICO

5.3.1 – Fundamentação Material:

Pode-se fundamentar o D. Penal Econômico a partir de uma noção quantitativa, ou seja, o crime econômico é a expressão dos danos que ele causa, ou também, a partir da natureza coletiva ou supraindividual dos interesses ou bens jurídicos. Enquanto os crimes contra o patrimônio atingem interesses inscritos na esfera da livre disponibilidade de seus portadores concretos, o crime contra a economia atinge interesses que o legislador converte em bens jurídicos supra-individuais, por isso, mesmo, indisponíveis.

5.3.2 – Fundamentação Legal:

O Direito Penal Econômico fundamenta-se, legalmente, sempre que a ordem jurídica entende que determinados valores merecem ser protegidos e, por isso, os incorporam na forma de condutas puníveis nos respectivos diplomas legais.

A dificuldade de apontar e definir de maneira rigorosa quais sejam esses valores, decorre da característica do Direito Penal Econômico em fixar sua tutela nos bens jurídicos coletivos, ou supraindividuais.

O que se observa, e muitas vezes se critica, é que em material de Direito Penal Econômico há um caráter altamente criminalizador, visto que não raro se erige à categoria de delito uma grande quantidade de comportamentos que, a rigor, não deveriam passar de meras infrações administrativas, em dissonância, talvez, com os princípios penais da intervenção mínima, da ultima ratio, da insignificância, da fragmentariedade etc.

Além disso, como se verá, o legislador acaba sendo pródigo em utilizar conceitos amplos, indeterminados, vagos, imprecisos, as vezes eivados de impropriedades técnicas, lingüísticas e lógicas, violando as funções de segurança e garantia do tipo penal.

Além disso, se considerarmos, por exemplo, a criminalização das condutas estatuídas pelo Código de Defesa do Consumidor se observa que em sua absoluta maioria se constituem em delitos de menor potencial ofensivo, ou seja, punidos de maneira branda, com penas de pequena repercussão, que pouco servem para emitir juízo de censura, ou de repressão aos seus agentes, pelo menos pela via intervencionista do D. Penal.

5.4 – BENS E INTERESSES PROTEGIDOS PELAS NORMAS DE DIREITO PENAL ECONÔMICO

Já se afirmou que o bem jurídico tutelado pelo Direito Penal Econômico é todo aquele que se relaciona com a manutenção da ordem econômica, ou seja, a economia popular, o sistema financeiro, o sistema tributário, o sistema previdenciário, as relações de consumo. Ou seja, o objeto de proteção é a segurança, e a regularidade da realização da política econômica do Estado.

Assim, são legislações específicas de Direito Penal Econômica, as seguintes, com seus respectivos bens jurídicos:

- Lei 8137, de 1990: Delitos contra a ordem econômica (arts. 4º a 6º): **BEM JURÍDICO: livre concorrência e livre iniciativa, fundamentos basilares da ordem econômica.**
- Lei 8137, de 1990: Delitos contra as relações de consumo (art. 7º): **BEM JURIDICO: nos incisos I a IX, os interesses econômicos ou sociais do consumidor (indiretamente, a vida, a saúde, o patrimônio e o mercado);**
- Lei 8137, de 1990: Delitos contra a ordem tributária (arts. 1º a 3º): **BEM JURIDICO: erário público, como bem supraindividual, de cunho institucional; proteção da política socioeconômica do Estado.**
- Lei 8176, de 1991: Trata de delitos contra a ordem econômica. BEM JURÍDICO: **fontes energéticas.**
- Lei 8078, de 1990: Trata dos crimes contra as relações de consumo – Código de Defesa do Consumidor; **BEM JURÍDICO: relações de consumo, relação jurídica de consumo.**
- Lei 7492, de 1986: Trata dos crimes contra o sistema financeiro nacional; **BEM JURÍDICO: proteção pública aos valores mobiliários (públicos e das empresas privadas que atuam nesse setor) e o patrimônio de terceiros (investidores); a higidez da gestão das instituições financeiras; a fé pública; fé pública de documentos; veracidade dos demonstrativos contábeis das instituições; regular funcionamento do sistema financeiro; reservas cambiais;**
- Código Penal Brasileiro, de 1940: nos artigos 359-A a 359-H, trata dos crimes contra as finanças públicas; **BEM JURIDICO: finanças públicas;**
- Código Penal Brasileiro, de 1940: nos artigos 168-A e 337-A, trata dos crimes contra o sistema previdenciário; **BEM JURÍDICO: interesse patrimonial da previdência social;**

- Código Penal Brasileiro, de 1940: artigo 334; **BEM JURÍDICO:** prestígio da administração pública e o interesse econômico do Estado;
- Lei 9613, de 1998: Lavagem ou ocultação de bens. BEM JURÍDICO: **administração da justiça e a ordem socioeconômica (ordem econômico-financeira);**

5.5 – A DOGMÁTICA JURÍDICO-PENAL DIANTE DO DIREITO PENAL ECONÔMICO: O CONCEITO FRAGMENTÁRIO DO CRIME EM FACE DA CRIMINALIDADE ECONÔMICA.

O Direito Penal Econômico integra o Direito Penal como um todo e não tem, como já se disse, autonomia científica. Assim, está submetido, como toda a construção jurídico-penal, a seus princípios e categorias dogmáticas.

Dadas as peculiaridades do Direito Penal Econômico não raro se observa certa flexibilização de institutos e, até mesmo, a relativização de alguns princípios de Direito Penal, a fim de que se possa responder às exigências da macrocriminalidade.

Há na doutrina, inclusive, duas alternativas à dogmática, ante a necessidade de atender ao Direito Penal Econômico:

a) ou se produz uma setorialização das regras da parte geral do Direito Penal (postura adotada por Tiedemann), renunciando a teoria do delito como teoria geral e uniforme do ilícito penal;

b) ou se assume que, devido a força da nova criminalidade, as modalidades clássicas da delinqüência também devam refletir a modificação das regras pelas quais o Direito Penal Econômico vêm sendo regido.

Assim, é preciso que se estabeleça um conceito dinâmico, atual e próprio para a tipicidade, a ilicitude e a culpabilidade, considerando as particularidades do D. Penal Econômico e, além disso, se repense o próprio sistema de penas, haja vista que a sanção penal clássica (pena privativa de liberdade) não é capaz de gerar o contra-estímulo necessário à pratica do delito (prevenção), quanto recompor o dano causado pela conduta criminosa (reparação), ou ainda emitir um juízo de censura –repressão – aos agentes de delitos econômicos.

Nesse sentido pode-se apontar para formas especiais de considerar os institutos da tipicidade, da ilicitude e da culpabilidade no que eles referem ao Direito Penal Econômico. Novos critérios de conceituação dos elementos integrantes do conceito de delito.

Nesse aspecto o Direito Penal Econômico proporciona oportunidade para uma revolução – ou revelação – do D. Penal, com mudanças radicais no eixo de orientação de seus princípios, métodos e estruturas.

Nesse setor há evidente necessidade de reacomodação política das estruturas da teoria do delito, em vista de um novo quadro, de uma nova criminalidade.

5.6 – TIPICIDADE

5.6.1 – Fato típico

O Direito Penal Econômico integra o Direito Penal como um todo e não tem, como se já se explicitou, autonomia científica. Assim, ele se submete como toda construção jurídico-penal, aos princípios e categorias próprias do Direito Penal Geral.

O fato típico é o primeiro elemento que estrutura o crime e que, portanto, condiciona à responsabilidade penal. Nele estão integradas a conduta, o nexo de causalidade, o resultado e a tipicidade.

5.6.2 – Conduta

Assim, para a ocorrência de um fato típico exigível que se tenha, inicialmente, uma conduta, traduzida pelo comportamento humano, consciente e voluntário, dirigido a uma determinada finalidade. (Finalismo)

A conduta delitiva se traduz por meio da exteriorização de uma ação proibida ou de uma omissão indevida, que sejam voluntárias e conscientes, formando assim, aquilo que se convencionou chamar de base substantiva do crime. O substrato onde se assentam a tipicidade, a ilicitude e a culpabilidade.

Há duas formas fundamentais de conduta humana: a ação e a omissão. A primeira é que se manifesta por intermédio de um agir positivo, por um movimento corporal positivo. A norma penal nesses crimes, chamados de comissivos, é proibitiva.

A segunda, a omissão, é a conduta negativa, o não fazer, a indevida abstenção de um movimento. Neste tipo de conduta, a norma penal é mandamental ou imperativa, obriga o agir.

A maioria dos crimes previstos na legislação penal brasileira se constitui modalidade comissiva, ou seja, são crimes de ação. Não obstante, há outros tantos que se perfazem através da chamada omissão. No âmbito do Direito Penal a omissão é normativa, ou seja, a possibilidade de imputar ao omitente um resultado lesivo decorre da obrigação jurídica que se impõe ao sujeito de, podendo, agir para evita qualquer tipo de resultado. O nexo causal, assim, entre a omissão e o resultado não é naturalístico, mas normativo.

Como se sabe, há duas espécies de crimes omissivos, os próprios ou puros, e os impróprios, comissivos por omissão, ou impuros.

Nos crimes omissivos próprios, o tipo penal incriminador descreve a conduta omissiva. Eles são crimes de mera conduta, ou seja, o tipo penal nem faz referências a ocorrência de resultado material, naturalístico. Basta que o sujeito tenha omitido a conduta, e a tipicidade existe.

Nos crimes comissivos por omissão, o tipo penal incriminador descreve uma conduta positiva, ou seja, uma ação positiva. O sujeito, nessa espécie de omissão, responde pelo crime porque estava juridicamente obrigada a agir para impedir a ocorrência do resultado e, mesmo podendo fazê-lo, se omite. A responsabilidade penal, nesses crimes, advém da regra do artigo 13, parágrafo segundo do CPB. O agente tem o dever jurídico de evitar o resultado (dever que decorre por imposição legal; dever de garantidor ou dever decorrente da ingerência da norma).

5.6.3 – Resultado

Também integra o fato típico, o chamado resultado, traduzido pela lesão ou ameaça de lesão a bem jurídico tutelado pela norma penal incriminadora.

5.6.4 – Nexo causal

Na interligação do comportamento ao resultado, outro instituto de D. Penal tem lugar: o nexo de causalidade. A legislação penal brasileira adota, quanto ao nexo causal, a Teoria da Equivalência das causas ou da conditio sine qua non. Para esta teoria, o resultado de que depende a existência do crime é imputável a quem lhe deu causa, considerando-se como causa, toda a ação ou omissão sem a qual o resultado não teria ocorrido (artigo 13 do CPB).

5.6.5 – Tipicidade

Por fim, na composição do fato típico, surge exatamente a tipicidade, ou seja, a relação de subsunção que existe entre um fato concreto, um comportamento, a um tipo penal previsto abstratamente pela lei, associada à lesão ou perigo de lesão a um bem penalmente tutelado. Ou seja, a tipicidade é a qualidade que tem o comportamento (ação ou omissão) de justapor-se, de ajustar-se, de encaixar-se à descrição da norma penal, desde que, também, haja lesão ou ameaça de lesão ao bem jurídico tutelado pela norma incriminadora.

A existência do tipo penal nada mais é do que o postulado básico do princípio da legalidade no Direito Penal, consagrado pelo artigo 5º, inciso XXXIX, da Constituição Federal, cabendo à lei, em sentido estrito, definir as condutas que merecem a reprimenda penal, constituindo-se, assim, os tipos penais.

Atualmente, também se tem considerado que a tipicidade penal é composta pela tipicidade legal – subsunção do fato à norma em análise formal – e tipicidade conglobante – adequação conglobada do fato em face a todas as normas jurídicas, inclusive as extrapenais, servindo esta como corretivo da tipicidade legal. Assim, para Zaffaroni, mesmo as condutas que aparentemente violem normas penais proibitivas, se estiverem de acordo com o Direito considerado como um todo, passam a ser tratadas como fatos atípicos.

5.6.6 – Crimes de Dano e Crimes de Perigo

Resultando lesão, o tipo penal é de dano. Se há ameaça, o tipo penal pode ser de mero perigo (abstrato ou concreto).

Aproveitando, frise-se que os crimes de dano ou de lesão são aqueles em que o tipo penal exige efetiva ofensa ao bem jurídico tutelado para que ocorra a consumação do delito; já os chamados crimes de perigo, são aqueles em que a consumação é atingida quando o bem jurídico sofre um perigo (ameaça) de lesão. A simples exposição do bem a risco, já é suficiente para caracterizar o crime. Os chamados crimes de perigo se subdividem em perigo concreto e perigo abstrato. Nos primeiros, a lei expressamente exige que a conduta do agente provoque um perigo real; nos segundos, a lei não exige que a conduta promova perigo real. O perigo, nestes, é meramente prognóstico. É presumido (juris et de jure)

Assim, para um juízo objetivo de tipicidade, é necessário que o comportamento se justaponha e à norma penal. Alem disso, compõem a tipicidade os elementos subjetivos da ação – dolo e culpa – realizando o juízo subjetivo da tipicidade.

5.6.7 – Tipos penais abertos e fechados

Na legislação penal brasileira, observamos a presença de tipos penais abertos e fechados. Os primeiros são aqueles em cuja definição se emprega termos amplos, de modo a comportar diversos comportamentos diferentes. O tipo penal fechado, ao contrário, é aquele que utiliza expressões de alcance restrito, apresentando, assim, a descrição completa da conduta que pretende incriminar.

Tudo assim considerado tem-se que o tipo penal cumpre três funções relevantes no âmbito do Direito Penal: **a função selecionadora, a função de garantia e a função motivadora geral.**

5.7 – TIPOS PENAIS ABERTOS:

Observa-se, com muita freqüência no âmbito do Direito Penal Econômica a presença de tipos penais abertos, ou seja, há tendência na utilização de cláusulas gerais na definição da norma incriminadora – do tipo penal – de modo a criar-se, nesse ambiente, instabilidade perigosa, além de adotar-se uma técnica que viola a função de garantia do tipo penal.

Veja-se, por exemplo, o que sucede na Lei 8137, no que pertine ao crime contra a ordem econômica. Segundo o artigo 4º, inciso I, constitui crime contra a ordem econômica abusar do poder econômico, dominando o mercado ou eliminando total ou parcialmente a concorrência mediante alguma daquelas condições estabelecidas nas letras "a" a "f".

Bem, a expressão abuso de poder econômico traz a ideia de mau uso do poder, de certo desvirtuamento ou da aplicação ardilosa, deformada de atitudes em detrimento de outrem. Parece ser finalidade do tipo, reprimir e impedir a dominação do mercado e a eliminação, total ou parcial da concorrência.

O conceito de abuso do poder econômico, assim, não é de fácil delimitação, pois envolve o somatório de várias situações, necessárias para caracterizar o agir abusivo. Essa imprecisão conceitual, essa abertura do tipo penal, a falta de objetividade dele, é rechaçável desde o ponto de vista do P. da Legalidade, da função de garantia do tipo penal.

Outro exemplo, em legislação diversa, também no âmbito da criminalidade econômica, é o do artigo 1º da Lei 8176/91, que em seu inciso II incrimina a conduta de quem usa gás liquefeito de petróleo em motores de qualquer espécie, saunas, caldeiras, e aquecimentos de piscinas, ou para fins automotivos, em desacordo com as normas estabelecidas na forma da lei.

O tipo penal, como se observa, utiliza a expressão 'de qualquer espécie', ampliando o alcance da lei, de modo a abarcar as mais variadas situações, ou seja, as espécies de motor podem ser os de combustão, de explosão, diesel etc.

Situação emblemática é a que se observa na modalidade delitiva do artigo 4º, parágrafo único, da Lei 7492/86, no que tange à gestão temerária, cuja pena cominada é de reclusão de 2 a oito anos e multa. Trata a hipótese de gestão temerária de instituição financeira.

Aqui também se observa imprecisão típica, em ofensa à segurança e garantia do tipo. Ora, a gestão temerária é caracterizada pela abusiva conduta, que ultrapassa os limites da prudência, ou seja, é a ação que arrisca para além do permitido. É o arrojo, o comportamento afoito, arriscado, atrevido. Ex: realização de operações especulativas de desmedido risco; omissão no alerta aos investidores sobre riscos das suas operações financeiras etc.

Pois bem, no crime de gestão financeira temerária não se distingue se a gestão for temerária e trouxer prejuízos, daquela que é temerária, mas que traz benefícios. Ou seja, entende-se que basta tenha havido gestão temerária para que a hipótese delitiva se perfectibilize.

Nesta previsão, há, pois, desrespeito ao princípio da legalidade, e da segurança típica, porque o legislador deixou ao encargo do julgador a delimitação exata desse conceito de gestão temerária, em critério de natureza subjetiva para precisá-lo.

Na Lei 7492/86, artigo 11, 'manter ou movimentar recurso ou valor paralelamente à contabilidade exigida pela legislação' (caixa dois), destaque-se, também, a amplitude da redação do tipo penal. Qualquer tipo de manutenção ou movimentação de valores paralelos à contabilidade, inclusive do 'empresário que mantenha uma escrituração auxiliar, paralela à legal, com o intuito de melhor acompanhar a vida contábil da empresa, fazendo lançamento corretos, mantendo ou movimentando recursos igualmente indicados na contabilidade legal', como cita a doutrina.

Melhor teria sido se o legislador tivesse incluído nesse tipo o elemento subjetivo do injusto, ou seja, 'o fim de obter vantagem indevida'.

5.8 – TIPICIDADE OMISSIVA

Outro aspecto relevante a ser anotado no Direito Penal Econômica está na tipicidade omissiva. O Direito Penal Econômico é um dos domínios de eleição, por assim dizer, dos chamados crimes omissivos próprios. Contudo, a omissão, como se viu, para ser punível ao seu agente, implica no reconhecimento de que houve a violação de um dever jurídico que se encontra rigorosamente definido em diploma legal. A responsabilidade decorre por infração ao dever de agir, imposto por outra norma que não necessariamente a de Direito Penal.

Na lei 8078/90 – Código de Defesa do Consumidor – ao definir os crimes contra as relações de consumo, o legislador previu 12 hipóteses típicas. Destas, 50% delas, ou seja, seis crimes são omissivos próprios. Ou seja, se perfazem com a simples omissão.

5.9 – CRIMES DE PERIGO

A tipicidade para os crimes de perigo é outra questão enfrentada pelo Direito Penal Econômico. São vastíssimas as previsões legais em matéria de criminalidade econômica de perigo meramente abstrato. E qual é o problema entorno desses delitos?

O que ocorre é que a doutrina e a jurisprudência majoritárias vêm entendendo que os crimes de perigo abstrato ou presumido são inconstitucionais. Se o juízo de tipicidade exige que a ação do agente deva ter promovido um dano ou um perigo efetivo de dano, somente será possível punir alguém se essa situação de risco se mostrar diagnóstica. Caso contrário, o comportamento resta irrelevante para o Direito Penal.

Nesses casos, o tipo penal descreve condutas sem exigir uma ameaça concreta ao bem jurídico; todavia, a jurisprudência acaba por admitir tais modalidades delituosas por questões de política criminal – como meio eficaz de punir infrações penais em sua fase embrionária – corrigindo-se, posteriormente, eventuais excessos com o P. da Proporcionalidade.

A questão é tormentosa, e divide opiniões na doutrina e na jurisprudência. Para alguns a aceitação dos tipos penais de perigo é condição imperiosa para a responsabilidade por delitos econômicos, porque as conseqüências da criminalidade econômica nem sempre são apreciáveis imediatamente.

Muitas vezes não há sequer como valorar, de maneira objetiva, o resultado possivelmente alcançado, ou provavelmente contraído pela ação que atenta contra a ordem econômica e, assim, o legislador tem necessidade de considerar como típicos o mero perigo que as ações causam, ou podem causar, a bens jurídicos tutelados pela macrocriminalidade.

Saliente-se, outra vez, que não raro o crime econômico é uma violação da confiança no sistema econômico, que não pode ser aferido, dimensionado, senão através do perigo prognóstico.

Por fim, saliente-se que a consideração de crimes de perigo abstrato no âmbito do Direito Penal Econômico supera as dificuldades de prova que também são comuns na criminalidade econômica, pela difusão das condutas praticadas.

Assim, os crimes de perigo abstrato acabam por se constituírem meios válidos no combate à criminalidade econômica, desde que a conduta proibida seja claramente definida pelo legislador e se relacione com interesses claramente identificados como tutelados penalmente.

Um exemplo bem característico de crime de perigo abstrato na macro criminalidade é a gestão fraudulenta e a gestão temerária, crimes contra o sistema financeiro, previstos no artigo 4º, caput e parágrafo único da Lei 7492/86. Esses crimes se consumam com a gestão, fraudulenta ou temerária, independentemente de qualquer resultado, haja vista se constituírem em crimes de perigo abstrato e de mera atividade.

Outra situação é a contemplada na Lei complementar 105/2001, que trata do sigilo das operações de instituições financeiras, em cujo artigo 10 preleciona que a quebra do sigilo, fora das hipóteses autorizadoras, constitui crime e sujeita os responsáveis à pena de reclusão de 1 a 4 anos. Trata-se, também aqui, de crime de perigo abstrato, eis que sua consumação ocorre com a mera violação do sigilo, independentemente de qualquer resultado (crime de mera atividade e de perigo abstrato).

5.10 – CRIMES FORMAIS

Outro aspecto bastante comum, na criminalidade econômica, é a da prevalência de crimes formais. Veja-se, por exemplo, que a Lei 8137, ao prever os crimes contra a ordem econômica, estatuiu, em seu artigo 5º, inciso IV, o comportamento delitivo de quem se recusa a prestar informação, sem justa causa, sobre o custo de produção ou preço de venda da mercadoria ou serviço. Nessa hipótese, estamos diante de um crime formal, ou de mera atividade, eis que não se exige, nele, nenhum resultado material, sendo suficiente, para a responsabilização, apenas a sua prática, ou seja, a recusa.

5.11 – NORMAS PENAIS EM BRANCO

Por fim, ainda se pode anotar um grande número de normas penais em branco, em se tratando da criminalidade econômica. Nos mais variados diplomas legais, a norma penal em branco aparece. Veja-se, por exemplo, a hipótese do artigo 6º da Lei 8137, regulando a ordem econômica, no qual se incrimina a conduta de quem vende ou oferece à venda mercadoria, ou contrata ou oferece serviço, por preço superior ao oficialmente tabelado, ao fixado por órgão ou entidade governamental, e ao estabelecido em regime legal de controle. Trata-se, como se vê, de norma penal em branco que necessita de integração por outros dispositivos legais.

Em outra situação, na Lei 8176/91, no artigo 1º, inciso II, já citada anteriormente, a utilização de gás liquefeito de petróleo, em desacordo com as normas estabelecidas na forma da lei, também é exemplo de norma penal em branco, que exige outro dispositivo legal para sua complementação.

Em se tratando, ainda, da Lei 8137/90, agora na proteção às relações de consumo, também se observa a presença de norma penal incriminadora na hipótese do artigo 7º, inciso V, que preleciona constituir crime contra as relações de consumo elevar o valor cobrado nas vendas a prazo de bens ou serviços, mediante a exigência de comissão ou de taxa de juros ilegais.

Para a caracterização deste crime, como se vê, faz-se mister que o aumento seja feito mediante a exigência de comissão ilegal. Trata-se, pois, de norma penal em branco, pois necessita de um complemento – lei, decreto, portaria – estabelecendo quando a comissão é legal (lícita) na venda ou prestação do serviço.

Por derradeiro, ainda se pode referir, exemplificativamente, o artigo 10 da Lei 7492/86, de fazer inserir elemento falso ou omitir elemento exigido pela legislação em demonstrativos contábeis de instituição financeira, seguradora ou instituição integrante do sistema de distribuição de títulos de valores mobiliários, que, como se percebe, ao utilizar a expressão ' exigido pela legislação', se revela tipo penal em branco, cuja necessidade de norma integradora é condição para a compreensão e reconhecimento do crime.

5.12 – EXCLUDENTES DE TIPICIDADE

5.12.1 – Atipicidade

Nem todo o fato que causa repugnância social é tido como típico. Há situações que não estão contempladas pela legislação penal e, assim, em razão da inexistência de norma incriminadora, esse fatos, muito embora repulsivos, são considerados atípicos.

Nesta hipótese existe uma atipicidade por ausência de previsão normativa.

5.12.2 – Circunstâncias excludentes da tipicidade

Pode ocorrer, contudo, que em determinadas situações o comportamento seja ajustado à descrição da norma, ofenda bem jurídico tutelado ou, até mesmo, o ameace, mas circunstâncias outras legais ou extra-legais – acabam por retirar desse fato ao adjetivo da tipicidade.

A dogmática jurídico-penal brasileira considera pelo menos sete situações que podem afastar a tipicidade de um comportamento. Três delas, são circunstâncias, ou causas de exclusão da tipicidade, tidas como extralegais. Ou seja, não estão contempladas na legislação penal como causas de afastamento da tipicidade.

São eles, o crime de bagatela (P. da Insignificância), o P. da adequação social e o consentimento do ofendido.

Por outro lado, no Código Penal Brasileiro, outras quatro circunstâncias tratam de afastar a tipicidade de uma conduta sendo, estas, conhecidas como causas legais de exclusão da tipicidade, quais sejam: a desistência voluntária, o arrependimento eficaz, o crime impossível e o erro de tipo.

Vejamos cada uma delas, e sua relação com o D. Penal Econômico.

a) CRIME DE BAGATELA

O crime de bagatela se configura como hipótese apta a excluir a tipicidade quando a conduta do agente, embora ajustada à descrição da norma, ataca de maneira pouco significativa o bem jurídico tutelado. As decisões do Supremo Tribunal Federal vem adotando critérios bastante razoáveis para aferição da insignificância ou bagatela que, é casuística, sendo eles: a mínima ofensividade da conduta do agente; nenhuma periculosidade social da ação; o reduzido grau de reprovabilidade do comportamento e a inexpressividade da lesão jurídica provocada.

Na legislação criminal previdenciária – tanto no que se refere ao crime de apropriação indébita previdenciária, previsto no artigo 168-A, quanto ao delito do artigo 337-A do Código Penal Brasileiro, tem sido comum a utilização do princípio bagatelar para exclusão da tipicidade do comportamento, quando a dívida ativa previdenciária não ultrapassa R$ 10.000,00 (dez mil reais).

A teor do artigo 4º da Portaria MPAS 4943 de 04 de janeiro de 1999, que foi atualizada pela Portaria MPS 296 de agosto de 2007, a procuradoria do órgão previdenciário não interpõe execuções fiscais atinentes a divida ativa de até R$ 10 mil, de forma que se tem levado em conta esse valor para a concessão do favor legal.

A medida é de caráter de política criminal, centrada na pequena ou ínfima relação custo-benefício da demanda penal quando o débito é mínimo e inexiste para a autarquia previdenciária interesse em executá-lo civilmente perante o judiciário.

Embora se afirme a existência de perdão judicial, o que existe, sem dúvida, é o reconhecimento da insignificância.

Além dessa situação, também é exemplo o tratamento dispensado ao crime de descaminho, quando a lesão ao fisco seja considerada de pequena significância, também se estende, por analogia, a possibilidade bagatelar. A ausência de valores para aplicação da insignificância ao delito de descaminho tem permitido que sejam levadas em conta referências, em geral extrapenais, as mais variadas, gerando certa insegurança jurídica.

b) ADEQUAÇÃO SOCIAL

A adequação social, por sua vez, é princípio que se pode chamar de 'curinga'. Por vezes é utilizado para afastar a tipicidade do comportamento, mas também há possibilidades doutrinárias e jurisprudenciais para considerá-lo apto a afastar a ilicitude e a culpabilidade. No âmbito da tipicidade, a ideia de exclusão de um fato pela não verificação da tipicidade conglobante muito tem relação com a aplicação do princípio da adequação social.

O Princípio da Adequação social é considerado quando se está diante de uma conduta formalmente típica, mas que materialmente não se caracteriza como tal, porque não se verifica desvalor social na ação e desvalor social no resultado. São condutas que, formalmente típicas, acabaram por atingir aceitação social.

As decisões dos tribunais – pelo menos nos superiores – não têm sido muito tolerantes com a argüição de atipicidade pela adequação social. Mas se observa, em alguns momentos, por parte de alguns desembargadores ou ministros, certa compreensão de que em alguns casos, a adequação social da conduta supera o desvalor formal da ação, como em casos de pirataria, descaminho, casas de prostituição, manutenção de rádios comunitárias clandestinas etc.

No âmbito da criminalidade econômica, o princípio da adequação social também vem sendo utilizado, ao lado do P. da insignificância, particularmente para beneficiar autores de condutas próprias de descaminho.

É oportuno lembrar que o STF, através da súmula 560, estendeu aos crimes de contrabando e descaminho a extinção da punibilidade pelo pagamento do tributo devido.

Entretanto, é de se destacar que os tribunais vem adotando, particularmente para o descaminho, os parâmetros fixados pela política fiscal e econômica, de modo a considerar insignificante e adequado socialmente, o comportamento de quem descaminha produtos cujo imposto devido não ultrapassa, ora R$ 5 mil, ora R$ 10 mil, parâmetros fixados pela política fiscal para execução de débitos fiscais.

Até mesmo no que concerne ao crime de contrabando não é incomum o entendimento que afasta a tipicidade do comportamento em zonas de fronteira que, pelo costume, permite a importação de produtos, por exemplo, peças de veículos, arame, cigarros, agrotóxicos, numa evidente adoção do P. da Adequação Social.

c) CONSENTIMENTO DO OFENDIDO

Consentimento do ofendido é causa que também pode ser considerada como excludente da tipicidade, especialmente quando o dissentimento da vítima faz parte da estrutura típica, como elemento expresso ou tácito da descrição típica. Assim, o dissentimento faz parte da descrição típica, e ele é afastado exatamente pela presença do consentimento por parte do lesado, não há, evidentemente, como deixar-se de afastar a tipicidade do fato.

Dito de outro modo, quando um dos elementos do tipo é o não consentimento do titular do bem jurídico, e este consente o tipo não se configura, ou seja, não existe mais.

Em crimes contra as relações de consumo, por exemplo, já se obteve a exclusão da tipicidade do comportamento do agente pelo consentimento do ofendido.

A Lei 8137, em seu artigo 7º. Inciso IX menciona o crime de quem entrega mercadoria em condições impróprias para o consumo. Decisão do Tribunal de Justiça de Minas Gerais promoveu o reconhecimento do consentimento do ofendido em matéria desta natureza, em situação em que alguém aceitou doação de animal com nível de gordura abaixo do indicado para consumo.

A hipótese de consentimento do ofendido pode ser observada na Lei 8176/91, na proteção da ordem econômica. Em seu artigo 2º, parágrafo primeiro, a lei estabelece que incorre na pena de 1 a 5 anos e multa aquele que, sem autorização legal, adquirir, transportar, industrializar, tiver consigo, consumir ou comercializar produtos ou matéria prima obtida na forma prevista no caput do artigo – constitui crime contra o patrimônio, na modalidade de usurpação, produzir bens ou explorar matéria-prima pertencentes à União, sem autorização legal ou em desacordo com as obrigações impostas pelo titulo autorizativo.

A expressão sem autorização legal pode levar ao reconhecimento de hipótese em que o sujeito aja ao abrigo do consentimento da administração, ou seja, acobertado pelo consentimento da administração, o que permitira reconhecer-se consentimento do ofendido.

d) DESISTÊNCIA VOLUNTÁRIA

Primeira causa legal de exclusão da tipicidade, a desistência voluntária está presente quando o agente, voluntariamente, desiste de prosseguir na execução da conduta delitiva. Assim, segundo o artigo 15 do CPB, o agente que podendo prosseguir na execução desiste do seu intento, voluntariamente, só responderá por aqueles atos já alcançados pelo seu agir que, por si, já sejam típicos.

O agente, na desistência, não esgota o iter criminis, desistindo de nele prosseguir.

e) ARREPENDIMENTO EFICAZ

No mesmo artigo 15, a legislação penal prevê o arrependimento eficaz como uma causa de exclusão da tipicidade. Nesta situação, o agente, embora tenha realizado a integralmente os atos executórios do crime, impede que o resultado se produza. Ou seja, o agente, arrependido pela sua conduta, outra realiza, neutralizando, impedindo, mesmo, e eficazmente, a produção do resultado. Neste caso, também só responderá o agente pelo que logrou produzir, e não por aquilo que pretendia e do qual, eficazmente, impediu.

No arrependimento, o sujeito esgota os meios disponíveis para o seu agir, termina os atos executórios e, depois, pratica alguma conduta positiva, neutralizadora da consumação.

f) CRIME IMPOSSÍVEL OU TENTATIVA INIDÔNEA

Nesta excludente, o agente realiza uma conduta e não atinge seu objeto, ou porque ele não existe (absoluta impropriedade material), ou porque o meio escolhido para atacá-lo é ineficaz (absoluta ineficácia do meio).

A hipótese é de tentativa impunível. O próprio artigo 17 do CPB diz que a tentativa não será punida, configurando-se, assim, causa de exclusão da adequação típica do crime tentado.

g) ERRO DE TIPO

O artigo 20 está contemplado no artigo 20 do CPB, e ocorre quando o agente erro sobre algum dos elementos constitutivos do tipo penal. Assim, há erro de tipo quando o agente tem uma falsa percepção sobre a realidade que o circunda, de modo que ele confunde-se. O erro, então recai sobre dados da realidade. É a falsa percepção da realidade.

Serve como situação exemplificativa de erro de tipo em matéria de D. Penal Econômico o desconhecimento de se tratar a matéria prima ou a mercadoria imprópria ao consumo (Lei 8137/90, artigo 7º, inciso IX). Referir situação de óculos de sombra e caquexia)

É de lembrar-se que as dificuldades financeiras do empresário, daquele que sempre age de boa-fé, mas se vê em situação complicada para honrar seus compromissos e deveres legais, pode levar a exclusão da tipicidade, também, pelo afastamento do dolo, em crimes previdenciários, por exemplo.

Para alguns autores, as dificuldades financeiras enfrentadas pelo réu, eliminam o elemento subjetivo do tipo, ou seja, o dolo em descontar e não recolher as contribuições financeiras, o que serve para afastar o dolo da conduta, ou em outras palavras, a tipicidade.

Assim, também não se caracterizaria crime, por absoluta falta de tipicidade, a circunstância de o empregador não haver chegado a arrecadar a contribuição social de seus empregados, mas apenas, haver juntado o montante necessário ao pagamento dos salários dos mesmos.

Disto decorre que a perda de prazo (mero esquecimento) ou a circunstância, tão comum, de o empregador apenas juntar o "líquido" do salário do empregado (contabilizando os valores que deveriam dele ser "descontados", a título de contribuição previdenciária, caso estivesse de posse da quantia "bruta") não configuram o delito de apropriação indébita previdenciária.

Os valores devidos à Previdência Social costumam ser lançados na contabilidade da empresa, para evitar-se a prática do crime descrito no art. 95, "b", da lei 8.212/90 – Lei Orgânica da Seguridade Social. Eis porque, apesar da inexistência de numerário as empresas costumam fazer os lançamentos contábeis dos valores "descontados" de seus empregados, a título de contribuição previdenciária (embora, de fato, nenhum desconto tenha sido realizado).

5.13 – ILICITUDE

5.13.1 – Conceito

Após obtido um resultado positivo no juízo da tipicidade, ou seja, após constatar que a conduta praticada pelo sujeito é típica, passa-se à análise da antijuridicidade (ou ilicitude, como preferem alguns).

A ilicitude "é a contradição entre a conduta e o ordenamento jurídico, pela qual a ação ou omissão típicas tornam-se ilícitas.".

Constatada a ilicitude (presumida, já que a tipicidade dá o caráter indicativo da antijuridicidade), para alguns autores já haveria crime, pois que a culpabilidade é considerada um pressuposto da pena.

Outros, porém, compreendem que só existirá crime se presentes os três elementos do conceito analítico: tipicidade, ilicitude e culpabilidade.

A ilicitude, contudo, não se esgota com esta contradição entre a ação e a norma, já que nesse aspecto tem-se apenas o conteúdo formal dela.

Há, por sua vez, um necessário conteúdo material, representado pela danosidade social, ou pela lesão do bem jurídico tutelado.

Logo, diz-se de um comportamento materialmente antijurídico como aquele que fere o interesse social constante da própria norma, constituindo-se o antijurídico material da lesão produzida pela conduta que vem a ferir o interesse jurídico tutelado.

Entretanto, a corrente majoritária entende desnecessária a distinção entre antijuridicidade formal e material, já que toda conduta que for antijurídica, sob o enfoque material, também o será sob o enfoque formal; e um comportamento considerado contrário à ordem jurídica é porque lesiona ou expõe a perigo de lesão um bem jurídico, confundindo-se a tipicidade formal, se analisada isoladamente, com a própria tipicidade.

5.13.2 – Excludentes da Ilicitude e sua relação com o D. Penal Econômico

No Brasil, há quatro causas legais de exclusão da ilicitude, ou seja, quatro hipóteses em que é rompido o caráter indiciário de tipicidade, ocasiões em que, mesmo um fato sendo típico, não será antijurídico e, por conseguinte, não haverá crime. Tais causas estão previstas no artigo 23 do Código Penal, são elas: estado de necessidade, legítima defesa, estrito cumprimento do dever legal e exercício regular de um direito.

Ainda que o nosso Código Penal consigne apenas as quatro mencionadas hipóteses, na doutrina é cediça a possibilidade de existência de causas supralegais de justificação, já que o Direito não é estático, não se esgotando todas as causas de justificativa da conduta humana somente na lei em sentido estrito, como exemplo, cita-se o consentimento do ofendido, adotado pela jurisprudência, ainda que de forma não unânime, como causa de justificação.

No âmbito do D. Penal Econômico a proteção se dirige a bens jurídicos supra-individuais, ou a bens jurídicos coletivos e difusos. Assim, há algumas dificuldades em fazer-se uma definição rigorosa e precisa do conteúdo destes direitos, bens ou interesses. Há, como se sustenta, imprecisão muitas vezes, na delimitação dos bens protegidos pelo direito penal econômico.

Neste diapasão, a ilicitude do direito penal econômico acaba sendo derivada e periférica. Ou seja, o sistema jurídico penal precisa entender que determinados valores são merecedores da tutela penal para que, então, se faça essa incorporação aos respectivos diplomas legais.

O domínio fluído e célere das relações econômicas, onde se criam e se enraízam certas formas de comportamento consideradas por todos como socialmente adequadas – quer pelos meios, quer pelos fins – é sempre um campo fértil para a exclusão da ilicitude, particularmente no que tange às causas extralegais.

Assim, fatos podem deixar de serem punidos quando sua ilicitude for excluída pela ordem jurídico-econômica, considerada em sua totalidade.

Veja-se, por exemplo, os já mencionados crimes da Lei 8176/91, artigo 1º, inciso, II, quando refere, "em desacordo com as normas estabelecidas em lei"; ou, o artigo 2º do mesmo diploma legal, na menção "sem autorização legal", em referências específicas à possível concorrência de causa de justificação supra legal.

Outro exemplo, também pertinente, é o do artigo 16 da Lei 7492/86, crime praticado por quem opera, sem a devida autorização, ou com autorização obtida mediante declaração falsa, instituição financeira.

Os elementos 'sem a devida autorização ou com autorização obtida mediante declaração falsa' são normativos, e fazem referência à possível concorrência de uma causa de justificação. A ausência desses elementos que estão no tipo, mas dizem respeito à antijuridicidade, afastam a ilicitude do comportamento.

Dito de outro modo, não será pelo exame específico e particular das condições impostas pela ordem jurídico penal que se entenderá excluída a ilicitude de um comportamento, senão, pela avaliação do contexto mais abrangente onde se inserem as responsabilidades pelo criminalidade econômica.

No âmbito do Estado de Necessidade, por exemplo, causa de exclusão da ilicitude contemplada no artigo 24 do CPB, uma situação de necessidade econômica poderá ser considerada para eximir de responsabilidade um agente.

O estado de necessidade caracteriza-se pela colisão de interesses juridicamente protegidos, devendo um deles ser sacrificado em prol do interesse social e nesses casos o ordenamento jurídico permite que haja o sacrifício do bem de menor valor.

Não se confunde com a legítima defesa, mas em ambas há a necessidade de salvar um bem ameaçado.

Pois bem, não é desconhecida a enorme carga tributária que recai sobre todos, especialmente para a sociedade empresária. Sabe-se, por outro lado, que muitas vezes os esforços do empresário são inúmeros no sentido de viabilizar e manter o prosseguimento da sua atividade empresarial.

Assim, não raro, o empresário opta pela satisfação de créditos de natureza trabalhista ou contratual em detrimento dos de natureza tributária, por falta de recursos para tanto.

Nesses casos, a falta de intenção do empresário contribuinte, em desviar recursos dos cofres públicos, ou de enriquecer ilicitamente com esses desvios, de restar comprovado, tenderá a afastar a infração de natureza criminal, persistindo, apenas, o seu caráter administrativo, porque a falta de recolhimento do tributo caracteriza estado de necessidade econômico, apto a excluir a ilicitude penal tributária.

Assim, uma vez frágil a saúde financeira da empresa, não se pode falar em infração penal tributária, mas apenas a infração administrativa tributária. Por isso, não havendo desvio econômico por parte dos gestores e/ou enriquecimento ilícito, não se pode cogitar a existência do crime.

Para o reconhecimento desta tese defensiva é absolutamente imprescindível que se demonstre a insustentabilidade financeira da sociedade.

Essa comprovação não poderá apenas ser por provas testemunhais, sendo necessário que hajam documentos que comprovem essa situação.

Documentos como certidão de cartório de protesto, certidões de execuções judiciais, pedidos de falência e quaisquer outros que possam demonstrar de forma cabal que a empresa estava perto da insolvência e que o não recolhimento ocorreu apenas pela total impossibilidade de fazer frente a todas as exigências que a carga tributária opressiva e desmedida impõe a uma empresa.

Além disso, diante do aumento constante da carga tributária no País, aliada a outros fatores socioeconômicos, não é difícil imaginar as dificuldades que o empresariado pátrio encontra no desempenho das atividades econômicas.

Assim, mesmo o empresário de boa-fé, que procura sempre honrar os compromissos e deveres legais, muitas vezes, no intuito de conservar viva sua empresa, coloca-se diante de dois ou mais valores, entre os quais é preciso escolher um em detrimento de outros.

Essas dificuldades financeiras intransponíveis caracterizam verdadeiro estado de necessidade e afastam a ilicitude da conduta.

Veja-se que as normas da legislação tributária dispõem ex vi do art. 186 do Código Tributário Nacional, que os créditos decorrentes da legislação do trabalho precedem os créditos tributários. Como então exigir e punir com prisão, no campo penal, o empregador que deixar de recolher a contribuição previdenciária para pagar o salário? De um lado o Direito determina que ele privilegie o salário e de outro que ele privilegie o tributo? A qual rumo deve obedecer?

Nessas condições, a norma penal não pode exigir que o empresário prime pelo recolhimento das contribuições previdenciárias, em detrimento da subsistência do trabalhador e da existência da empresa. Até porque, se assim o fizer, estará estancando a meio produtivo que viabiliza a existência do Sistema Previdenciário, lembrando sempre o poder de taxar não implica o de destruir.

Se a empresa for fechada, não haverá mais trabalho a ser prestado. Se não houver trabalho, não haverá mais salário a não ser pago. Se não houver salário, não haverá mais contribuição e, por fim, se não houver contribuição, não haverá mais previdência.

Além disso, é reconhecido o risco em condutas praticadas no âmbito empresarial, Assim, se um empresário realiza uma atividade temerária, para a necessária sobrevivência da empresa, atuando de maneira escrupulosa, o colapso econômico – e a eventual adequação típica desta sua conduta não poderia lhe ser atribuído à título de ilícito, tampouco punido face a ausência mesmo da ilicitude, com base na teoria do risco permitido.

Outro exemplo a ser citado de estado de necessidade justificante seria a situação de quem omite ou retarda 'justificadamente' informações bancárias requisitadas na forma da lei. (veja artigo 10 da Lei Complementar 105/2001, que trata do sigilo das operações de instituições financeiras)

5.14 – CULPABILIDADE

5.14.1 – Conceito

Não há unanimidade na doutrina acerca da questão de ser a culpabilidade elemento do conceito analítico de crime ou mero pressuposto da pena. Para os defensores da primeira orientação, quando não verificada a culpabilidade, não há crime; para os adeptos da segunda, na ausência da culpabilidade haverá crime, o que não vai existir é a pena.

Não importa, aqui, para o nosso enfoque, o modelo que se adote. Na verdade o que se pretende tratar é sobre o conceito normativo de culpabilidade e as suas implicações no âmbito do D. Penal Econômico.

O termo culpabilidade é utilizado em Direito penal em três diferentes denotações: ora é tratado como fundamento da pena; ora é utilizado como elemento de medição da pena, funcionando como limite desta; e finalmente como um conceito contrário à responsabilidade objetiva – Princípio da culpabilidade.

A culpabilidade que interessa ao conceito de crime é a aquela cuja natureza está evidenciada na primeira hipótese, ou seja, a culpabilidade que figura como fundamento da pena, composta por três elementos normativos: a capacidade de culpabilidade, ou inimputabilidade; a consciência da ilicitude e a exigibilidade da conduta adequada ao direito.

No finalismo a culpabilidade é o juízo de reprovação dirigido ao autor do fato por não ter obrado de acordo com o direito, quando lhe era exigível uma conduta em tal direção.

É, na verdade, a possibilidade de considerar-se alguém culpado pela prática de uma infração de natureza penal, um juízo de censurabilidade e reprovação por sobre alguém que praticou um fato delitivo.

5.14.2 – Elementos de Culpabilidade

Como se disse, são elementos da culpabilidade a, IMPUTABILIDADE, ou seja, a capacidade de o sujeito responder, juridicamente, pelo prática do fato punível praticado. É o conjunto das condições pessoais que dão ao agente essa capacidade de imputação. É, assim, a capacidade de entendimento e de determinação sobre o fato delitivo praticado.

Já o segundo elemento, a POTENCIAL CONSCIÊNCIA DA ILICITUDE, é a possibilidade de o agente ter conhecimento sobre a proibição do seu agir, sobre o conteúdo proibitivo da sua conduta.

E, por fim, a EXIGIBILIDADE DE CONDUTA DIVERSA (OU ADEQUADA AO DIREITO) é possibilidade da pessoa de agir de outra forma, que não cometendo o crime. Ou seja, a possibilidade e a liberdade de escolha sobre o seu agir.

5.14.3 – Excludentes da culpabilidade em face da criminalidade econômica

Também no que toca à culpabilidade, estão presente as chamadas causa legais e extra legais de exclusão. As causas legais estão elencadas na legislação penal brasileira e são as inimputabilidades – por menoridade ou patologia mental – (arts. 26 e 27), a coação moral irresistível (art. 22), a obediência hierárquica (art. 22), o erro de proibição (art. 21) e as descriminantes putativas (art. 20, parágrafo primeiro).

Como estamos diante de normas permissivas é perfeitamente admissível o reconhecimento de outras causas supralegais, inominadas, as quais contribuam para o desaparecimento dos elementos que integram o conceito normativo de culpabilidade.

No campo do Direito Penal Econômico, como já se referiu as dificuldades financeiras da empresa, por exemplo, podem não tornarem lícita a conduta de quem desconta e deixa de recolher à previdência social as contribuições próprias, mas podem afastar a culpabilidade da conduta, consubstanciando, assim, a excludente supralegal por inexigibilidade de conduta diversa.

Além disso, o P. da adequação social também pode ter assento como excludente extralegal da culpabilidade.

5.14.4 – Responsabilidade penal pela atuação em nome de outrem

Ainda na seara do D. Penal Econômico o conceito de culpabilidade como fundamento da responsabilidade penal, encontra discussões acirradas porque, como se percebe, os elementos que integram a culpabilidade são eminentemente pessoais e, não raro, a prática de comportamentos delituosos, por exemplo, no âmbito das empresas – sonegação fiscal, crimes previdenciários ou mesmo os financeiros – são resultantes de uma difusa impessoalidade no âmbito das organizações, sejam elas públicas ou privadas.

Resulta, daí, muitas vezes, a dificuldade de identificação do autor do fato criminoso e, por conseguinte, da sua responsabilidade ou, noutra vertente, da punição de gerentes, administradores, diretores, pelas ilegalidades cometidas pela 'empresa'.

Numa perspectiva clássica do D. Penal, há uma evidente inadequação, porque no Brasil, assim como em outros países, não há responsabilidade penal pela atuação em nome de outrem.

É de perguntar-se, então, se deveria ser legítima essa responsabilidade? Se a responsabilidade dos representantes e detentores do poder de decisão por infrações cometidas por empregados ou subordinados, quando àqueles possa ser imputada falta do dever de vigilância, deve ser efetivada?

E o que o D. Penal deve ou pode fazer nesse sentido?

5.14.5 – Responsabilidade penal da pessoa jurídica

Por fim, ainda no que toca as questões da culpabilidade versus D. Penal Econômico, outra dificuldade aparece. Ela está assentada na responsabilidade criminal das pessoas jurídicas ou coletivas, eis que esse conceito de responsabilidade/de culpabilidade, aliás, é exclusivamente pessoal.

Embora a responsabilidade das pessoas coletivas seja reconhecida e crescente em diversos países, como uma forma adequada de controle das infrações econômicas, no Brasil, apenas no âmbito das condutas lesivas ao ambiente essa possibilidade existe. No mais, não se reconhece tal forma de responsabilização e, por isso, estão as empresas sujeitas, apenas, a sanções administrativas.

Importante referir, aqui, sobre a responsabilidade penal da pessoa jurídica, a um equívoco que muitas vezes parecem incidir alguns doutrinadores, ao salientarem a possibilidade de um ente coletivo pode realizar per si alguma das condutas previstas no Código de Defesa do Consumidor, a Lei 8078/90, em face do que dispôs a segunda parte do artigo 75 deste diploma legal: 'quem de qualquer forma, concorrer para os crimes referidos neste Código incide nas penas a esses cominadas na medida de sua culpabilidade, **bem como o diretor, administrador ou gerente da pessoa jurídica que promover, permitir ou por qualquer outro modo aprovar o fornecimento, oferta, exposição à venda, ou manutenção em depósito de produtos ou a oferta e prestação de serviços nas condições por ele proibidas.**

A leitura atenta do dispositivo penal, contudo, não possibilita a consideração de que o ente coletivo possa ser sujeito ativo de delito. É fato evidente, e torna-se ainda mais claro quando se considera a construção dos tipos penais relativos aos crimes contra as relações de consumo. Não há, nestes, qualquer previsão de conduta que a pessoa jurídica possa realizar. Todos os delitos, bem como suas penas, são dirigidos às pessoas físicas, que podem utilizar-se da pessoa moral para a prática de delitos.

6 – O DIREITO FINANCEIRO

6.1 – ORIGEM E SIGNIFICADO DA PALAVRA "FINANÇAS"

6.1.1 – Finança provém do termo finatio

É muito discutida pelos autores a origem do termo *finanças*, entendendo uns que o mesmo provém do latim medieval *financia*, indicando os diferentes meios necessários para a realização das despesas públicas e a consecução dos fins do Estado. Outros autores defendem a tese, mais aceita, que a referida palavra emana, no latim medieval, do verbo *finire*, do qual surgiram o verbo *finare* e o termo *finatio*, sendo que este teve seu significado mudado através dos tempos.

Assim sendo, na Idade Média, em um primeiro período, designava decisão judicial, depois multa fixada em juízo e, finalmente, os pagamentos e prestações em geral. Posteriormente, por volta do século XIV, os negócios financeiros eram identificados com os negócios monetários em geral, e, ao mesmo tempo, dava-se à palavra *finanz* o significado deprimente de intriga, usura e fraude. Em um terceiro período, primeiro na França e depois em outros países, a palavra *finanças* passou a ser empregada unicamente em relação aos recursos e despesas do Estado e das comunas.

Todavia, no âmbito do direito, o termo *finanças* significa o fim das operações jurídicas, ou seja, os pagamentos de somas em dinheiro. Por outro lado, a expressão *finanças públicas* refere-se aos dinheiros públicos e, por extensão, à sua aquisição, administração e emprego.

6.2 – FINANÇAS PÚBLICAS

Os autores discordam, no entanto, quanto à expressão adequada a ser empregada. Alguns preferem o simples substantivo *finança* ou *finanças*, sem adição do adjetivo pública ou *públicas*, por considerá-lo suficiente para indicar "o conjunto dos meios de riqueza de que se serve o Estado para a consecução dos seus fins". Outros autores, no entanto, adotam a expressão *finança pública* ou *finanças públicas* por entenderem que o termo *finança* ou *finanças* é por si só insuficiente, porque significa somente assuntos de dinheiro e sua administração, enquanto o termo *finanças públicas*, em seu sentido moderno, pressupõe a existência de uma economia de dinheiro. Todavia, Hugh Dalton reconhece que, embora a despesa pública consista, em regra, em pagamentos em dinheiro, existem "duas espécies de receitas públicas não expressas em dinheiro, que são: a) certos serviços de pessoas não pagos em dinheiro; e b) o pagamento de certos impostos por outros meios que não em dinheiro.

Alguns desses serviços gratuitos são prestados voluntariamente aos poderes públicos, outros por força da lei. Exemplos dos primeiros, na Inglaterra, são serviços para a magistratura e para empresas. Exemplos dos últimos são os serviços do júri e as obrigações que têm todos os cidadãos, de acordo com a *Common Law* (Lei Civil), de ajudar na remoção da neve das ruas, na extinção de incêndios e na ajuda à polícia na perseguição a assassinos e ladrões. Uma forma mais importante de serviços em muitas comunidades modernas é o serviço militar obrigatório. Mas este é pago, embora numa base muito mais baixa do que seria necessário, a fim de obter um montante igual de serviço voluntário pago".

Face às razões expostas, entendemos ser o termo *finança* insuficiente para compreender a atividade financeira do Estado, pelo que deve vir acompanhada do adjetivo *pública*.

6.3 – EVOLUÇÃO DO CONCEITO DA ATIVIDADE FINANCEIRA DO ESTADO

6.3.1 – Período Clássico

A atividade financeira do Estado deve ser examinada nos períodos clássico e moderno das finanças públicas, para que se possa sentir o desenvolvimento que sofreu em razão principalmente da evolução do próprio conceito de Estado e das mutações ocorridas no mundo econômico e social.

O *período clássico*, ligado ao Estado liberal dos séculos XVIII e XIX *(Estado de Polícia)*, caracteriza-se principalmente pelo princípio do *não intervencionismo* do Estado no mundo econômico, baseado em que as leis financeiras eram imutáveis como as leis científicas, pelo que os desajustes econômicos se recomporiam por si só.

Leis financeiras são aquelas que disciplinam a atividade estatal no dirigir a economia privada, na obtenção de recursos para atender às suas necessidades e no presidir a redistribuição da riqueza privada. Tal expressão pode ser entendida sob os pontos de vista jurídico e econômico: a) sob o aspecto *jurídico*, leis financeiras são as disposições baixadas sobre a matéria pelo poder legislativo; b) sob o aspecto *econômico*, são aquelas que a técnica econômica constatou pela observação prolongada das causas e dos efeitos de determinadas situações de fato.

O *Estado Liberal*, segundo A. Parodi, teve sua concepção surgida de dupla influência:

> "de um lado, o individualismo filosófico e político do século XVIII e da Revolução Francesa, que considerava como um dos objetivos essenciais do regime estatal a proteção de certos direitos individuais contra abusos da autoridade; de outro lado, o liberalismo econômico dos fisiocratas e de Adam Smith, segundo o qual a intervenção da coletividade não devia falsear o jogo das leis econômicas, benfazejas por si, pois que esta coletividade era imprópria para exercer funções de ordem econômica".

Assim, o liberalismo entendia que tudo era do indivíduo e para o indivíduo, pugnava pelo livre comércio e não admitia a intervenção do Estado no domínio econômico. Dava ao imposto um caráter *neutro*, isto é, não via na tributação um meio de modificar a estrutura social e a conjuntura econômica, disso resultando a expressão *"finanças neutras"* para caracterizar este primeiro período das finanças públicas. Dessa forma, o liberalismo defendia a total liberdade individual, que não podia ser constrangida, e que a intervenção econômica do Estado era desastrosa por improdutiva, já que a iniciativa privada obtinha melhores resultados. Dessa forma, o Estado devia abster-se de intervir no domínio econômico, deixando funcionar livremente as iniciativas individuais, a livre concorrência e "as leis do mercado", bem como só recorrer a empréstimos em caráter excepcional para fazer face às despesas de guerra e para investimentos reprodutivos.

Desse modo, em razão do princípio do não-intervencionismo, o Estado limitava-se a desempenhar o *mínimo possível* de atividades, deixando tudo o mais para a iniciativa privada. As atividades que o Estado executava eram apenas as que tinham um caráter de *essencialidade*, como as pertinentes à justiça, política, diplomacia, defesa contra agressão externa e segurança da ordem interna, cuja atribuição não podia cometer à iniciativa privada.

Ocorre que o Estado, no desempenho de tais atividades, necessitava de recursos para fazer face às despesas públicas delas decorrentes, e os obtinha do patrimônio do particular através da tributação. Observe-se, no entanto, que a carga tributária incidia de maneira equivalente entre os contribuintes, ou seja, todos suportavam o mesmo peso do tributo, pois o Estado não levava em consideração as condições e características próprias de cada contribuinte.

Assim sendo, a atividade financeira exercida pelo Estado somente visava à obtenção de numerário para fazer face às citadas despesas públicas, isto é, as finanças públicas tinham finalidades exclusivamente fiscais. Gaston Jéze resumiu de maneira lapidar o alcance da atividade financeira desenvolvida pelo Estado no período clássico, ao enunciar: "Il y a des dépenses publiques; il faut les couvrir". Assim, as despesas tinham um tratamento preferencial sobre as receitas, uma vez que essas visavam apenas a possibilitar a satisfação dos gastos públicos. Nesse período, portanto, o tributo tinha um fim exclusivamente *fiscal*, porque visava apenas a carrear recursos para os cofres do Estado.

6.3.2 – Período Moderno

Todavia, a partir dos fins do século XIX, começou a ocorrer um alargamento das atribuições do Estado, que deixou sua posição de mero espectador do que ocorria no domínio econômico e nele *passou a intervir* em conseqüência principalmente:

a) das grandes oscilações por que passavam as economias, fazendo com que fossem de períodos de grande euforia para períodos de depressão, e vice-versa;
b) das crises provocadas pelo desemprego que ocorria em larga escala nas etapas de depressão, gerando grandes tensões sociais;
c) dos efeitos cada vez mais intensos das descobertas científicas e de suas aplicações;
d) dos efeitos originados da Revolução Industrial com o surgimento de empresas fabris de grande porte, com o conseqüente agravamento das condições materiais dos trabalhadores.

Após a Primeira Grande Guerra, agravaram-se os fatos com a deterioração das finanças dos países direta ou indiretamente por ela afetados, com o aparecimento, após 1914, das denominadas "economias de guerra", que se acentuaram entre 1914 e 1918, e 1939 e 1945, fazendo com que algumas nações tivessem de preparar-se para o esforço bélico através da mobilização de todas as suas atividades econômicas.

Em conseqüência das razões acima enunciadas, o Estado passou a intervir no domínio econômico e social, utilizando as finanças públicas como instrumento dessa intervenção, iniciando-se, assim, o chamado período *moderno* das referidas finanças. Ao *L'État-Gendarme* dos liberais seguiu-se o *Welfare State*, encarregado de assegurar o bem-estar dos cidadãos.

A primeira grande característica das finanças dos dias de hoje é o *caráter intervencionista do Estado* através da utilização dos tributos. Seu outro traço marcante é a preocupação com a *personalização* do imposto, uma vez que o Estado deixou de tributar de forma igual a todos os contribuintes para, ao contrário, levar em conta, sempre que possível, na imposição da carga tributária, as qualidades de cada um. Tornou-se mais justa a tributação, porque cada cidadão passou a pagar imposto na medida de sua *capacidade contributiva*, de sua aptidão econômica de pagar tributos (CF, art. 145, § 1º).

Assim sendo, o Estado, para a solução dos problemas econômicos e sociais, passou a gozar de uma opção quanto às medidas de que dispõe para alcançar o objetivo antes referido. Além das medidas de ordem coercitiva e geralmente proibitivas, pôde obter o mesmo resultado através da utilização do tributo com uma finalidade *extrafiscal*, como instrumento de intervenção, permitindo-lhe uma atividade menos coercitiva e mais respeitosa da liberdade dos indivíduos.

6.4 – O TRIBUTO COM FIM EXTRAFISCAL

O período moderno é, assim, caracterizado pelas *finanças funcionais*, isto é, a atividade financeira do Estado orientada no sentido de influir sobre a conjuntura econômica.

Pode-se citar como exemplo, no Brasil, desta nova mentalidade do emprego das finanças públicas, como instrumento de intervencionismo do Estado no mundo econômico e social, o que ocorreu com a indústria automobilística nacional. Seu desenvolvimento era desejado pelo governo, e, em vez de simplesmente proibir-se a importação de automóveis, recorreu-se às finanças públicas através de uma tributação mais onerosa sobre a citada importação, de modo a desestimulá-la. Hodiernamente, verifica-se um fenômeno contrário, porque o governo reduz progressivamente a alíquota sobre a importação de automóveis estrangeiros, visando a facilitar sua entrada no mercado nacional e estabelecer uma competição mais saudável com a indústria automobilística nacional, levando-a a reduzir seus preços.

Outro exemplo que pode ser apontado diz respeito à tributação mais elevada de terras improdutivas ou mal utilizadas, forçando o proprietário rural a redistribuí-las ou dar-lhes a ocupação conveniente, ao invés de o Estado simplesmente recorrer ao seu poder de desapropriação.

Um terceiro exemplo do emprego do tributo com finalidade extrafiscal relaciona-se com o empréstimo compulsório. O art. 15 do CTN permitia a sua cobrança para fazer face às despesas de guerra externa e calamidade pública, dando-lhe uma finalidade meramente fiscal, como mantido na Constituição de 1988 (art. 148, I). Todavia, o mesmo dispositivo legal admitia ainda a instituição de empréstimo compulsório em razão de conjuntura econômica que exigisse a absorção temporária do poder aquisitivo, visando a retirar do mercado o excesso de dinheiro em circulação. Nesse caso o empréstimo compulsório tinha uma finalidade extrafiscal. A CF de 1988, no entanto, não recepcionou no art. 148 essa causa de instituição do empréstimo compulsório, devendo-se, portanto, entender que o inciso III do art. 15 do CTN foi pura e simplesmente derrogado pelo novo texto constitucional.

Um quarto exemplo do tributo com fim extrafiscal encontra-se no art. 182, § 4º, inciso II, da CF. O art. 182 dispõe sobre a política urbana e o seu § 4º faculta ao poder público municipal, mediante lei específica para área incluída no plano diretor (art. 182, § 1º), exigir, nos termos da lei federal, do proprietário do solo urbano não edificado, subutilizado ou não utilizado, que promova seu adequado aproveitamento. Caso o proprietário do referido solo não atenda à exigência, o Poder Público municipal, por lei específica, poderá cobrar IPTU progressivo no tempo para a área incluída no plano diretor, que terá, portanto, uma finalidade extrafiscal.

Registre-se que quando o Estado utiliza o tributo com um fim extrafiscal, isso não significa que desapareça a intenção de auferir receita, pois esta persiste, embora de forma secundária.

Cumpre ressaltar, também, que a atividade financeira do Estado difere da exercida pelo particular porque a riqueza para o Estado constitui apenas um meio para que possa cumprir sua finalidade de satisfação das necessidades públicas, enquanto para o particular a riqueza constitui o fim por ele visado.

6.5 – AS FORMAS DE INTERVENCIONISMO EXTRAFISCAL

Maurice Duverger ensina as diversas *formas* que o Estado pode adotar para proceder ao intervencionismo fiscal, que são as seguintes:

a) *intervenção por aumento ou diminuição da carga tributária global* mediante o aumento ou diminuição, em conjunto, da carga dos impostos, obtendo-se resultados econômicos válidos. Assim, a diminuição da carga tributária produz uma baixa de preço de revenda dos produtos e um aumento da disponibilidade dos particulares, gerando um desenvolvimento dos negócios; já o aumento global dos impostos restringe o consumo pelos cidadãos é evita que um excesso de disponibilidade monetária faça subir os preços pela desproporção. entre a oferta e a procura;

b) *intervenção mediante discriminação,* caso em que se escolhem determinados tributos que incidam sobre dadas atividades, tributando-se gravosamente as que são consideradas prejudiciais, e concedendo-se vantagens fiscais àquelas que devem ser protegidas, como a tributação aduaneira sobre determinados bens;

c) *intervencionismo por amputação* através do aumento de impostos sobre rendas e heranças elevadas, objetivando-se amputar parte delas como forma de tentar igualar o nível de vida dos indivíduos, tendo tal forma de intervenção um efeito direto e uma finalidade social;

d) *intervencionismo por redistribuição*, pelo qual o Estado não só retira parte das riquezas dos contribuintes como também a redistribui mediante subvenção ou outra classe de auxílio aos grupos sociais de baixa capacidade econômica.

6.6 – NECESSIDADE PÚBLICA E SERVIÇO PÚBLICO

6.6.1 – Conceito de Necessidade Pública

Pode-se dizer que a atividade financeira do Estado *visa a satisfazer às necessidades públicas* e tem por objetivo estudar as formas pelas quais o Estado obtém as suas receitas e efetiva concretamente as suas despesas. *Necessidade pública* é a necessidade que tem um interesse geral em determinado grupo social e é satisfeita pelo processo do serviço público. Entretanto, o mencionado conceito é relativo, porque depende das circunstâncias de tempo e de lugar, variando assim no tempo e no espaço. Disso resulta que a eleição das necessidades coletivas a serem satisfeitas pelo Estado deve atender a critérios eminentemente políticos.

A *necessidade pública* pode ser *preferencial* ou *secundária*. A *necessidade pública preferencial* integra as necessidades básicas, que são inerentes à vida social (p. ex., defesa externa, ordem interna e administração da justiça), possui caráter permanente, e algumas dessas necessidades são atendidas pelo Estado independentemente de solicitação pelo particular por ser seu cumprimento inerente à soberania estatal. Paralelamente, existem *necessidades secundárias* decorrentes das idéias políticas dominantes em cada momento, tendo, em conseqüência, um caráter eventual.

6.6.2 – Características da Necessidade Pública

A necessidade pública possui duas *características* básicas: a sua *não-individualidade* e a *coação*.

A *não-individualidade* significa o modo de satisfação das necessidades públicas, que é diverso daquele pelo qual as necessidades individuais são atendidas. Toda necessidade pública tem natureza coletiva, por ser uma soma de necessidades individuais. Todavia, nem toda necessidade coletiva corresponde a uma necessidade pública, porque somente deve ser considerada como tal aquela necessidade que o Estado tem a atribuição de satisfazer.

Por outro lado, a *coação* se explica pela forma coercitiva com que o Estado obtém dos particulares as riquezas que utiliza para a satisfação das necessidades públicas.

6.6.3 – Serviço Público

Considera-se *serviço público* o conjunto de pessoas e bens sob a responsabilidade do Estado ou de outra pessoa de direito público, através do qual o Estado pode cumprir os seus fins e atribuições visando à satisfação das necessidades públicas. Essas hoje cada vez mais se multiplicam em razão do crescente intervencionismo do Estado.

Os serviços públicos denominam-se *gerais* quando indivisíveis, isto é, quando prestados indiscriminadamente à coletividade e independente de provocação, pelo que todos contribuem para o Estado, inclusive aqueles que não sejam beneficiados por sua prestação, sendo tal contribuição feita através de imposto (CTN, art. 16). Serviços públicos *particulares* são aqueles que têm natureza divisível, que somente são prestados quando solicitados, e sua remuneração é feita apenas por aqueles indivíduos que deles se beneficiam diretamente. Portanto, em regra, tal remuneração efetiva-se através do pagamento da espécie de tributo denominada taxa (CTN, art. 77 e CF, art. 145, II).

6.7 – FORMAS DE ATIVIDADE DA ADMINISTRAÇÃO

6.7.1 – Intervenção do Estado no domínio econômico

> Art. 173 da CF: *Ressalvados os casos previstos nesta Constituição, a exploração direta de atividade econômica pelo Estado só será permitida quando necessária aos imperativos da segurança nacional ou a relevante interesse coletivo, conforme definidos em lei.*

Esse artigo da Constituição consagra o princípio da liberdade econômica, a qual deve ser desenvolvida preferencialmente por particulares. A atividade econômica é livre aos particulares e vedada, salvo as exceções previstas na própria Constituição, ao Estado.

Essa é a consagração do regime econômico capitalista brasileiro (Nota minha: deve-se atentar, no entanto, que hoje temos pela Doutrina que a nossa carta constitucional apresenta princípios norteadores de um Estado capitalista de bem estar social, superando a visão de capitalismo puramente liberal do *laissez faire, laisse passez* fisiocrata).

Conceito de atividade econômica: é toda atividade que envolve produção de bens objetivando lucro. O que não for serviço público e estiver fora das demais preocupações do Estado será atividade econômica.

Não pode o Estado ingressar livremente no mercado para produzir riquezas, embora possa e deva reservar para si parte delas, por vias legais, a fim de perseguir seus objetivos. Assim, só poderá o Estado **interferir** na ordem econômica na produção direta caso haja *motivo de segurança nacional* ou *relevante interesse coletivo* definidos em lei.

Ao lado disso, pode o Estado exercer a função de **fiscalização, incentivo e planejamento**:

> Art. 174 da CF: *Como agente normativo e regulador da atividade econômica, o Estado exercerá, na forma da lei, as funções de fiscalização, incentivo e planejamento, sendo este determinante para o setor público e indicativo para o setor privado.*

Assim, temos o seguinte:

a) Domínio livre aos particulares na exploração das atividades econômicas, podendo o Estado prestá-las somente em caráter excepcional e atendendo a requisitos constitucionais.

b) Pode o Estado intervir no domínio econômico, para regular, incentivar e planejar tal atividade

Segundo Eros Grau[5], deve-se dividir atividade econômica da seguinte forma:

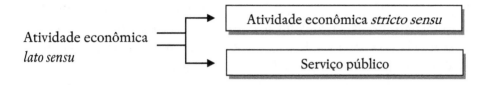

Nessa concepção, tem-se que atividade econômica em sentido amplo é gênero, significando a globalidade da atuação estatal como agente normativo e regulador, sendo essa a concepção utilizada no art. 174 da CF. Acentua o autor que a atuação reguladora há de compreender o exercício das funções de incentivo e planejamento – como impõe a Constituição –, não se restringindo a isso, pois a atuação reguladora reclama também fiscalização e, no desempenho de sua ação normativa, cumpre também ao Estado considerar que o texto constitucional assinala, como funções que lhe atribui, as de incentivo e planejamento.

6.7.2 – Incentivo da atividade econômica

O planejamento, segundo Eros Grau, é "forma de desenvolvimento da atividade econômica pela previsão de comportamentos econômicos e sociais futuros, pela formulação explícita de objetivos e pela definição de meios de ação coordenamente dispostos".

Planejamento não significa que o Estado possa intervir no fator produtivo; vai apenas orientá-lo. Assim, pode criar empresas públicas, sociedades de economia mista ou outras entidades, para exploração da atividade econômica (art. 173, § 1º da CF). Quando assim ocorre, sujeita-se a regras de Direito Privado, sofrendo impacto, contudo, de alguns princípios de Direito Público – de um lado, são empresas públicas segundo o seu vínculo jurídico com o Estado, por outro, todavia, no exercício de suas atividades, são empresas como quaisquer outras, não podendo usufruir qualquer privilégio (art. 173, § 2º).

---

[5] *A ordem econômica na Constituição de 1988*

6.7.3 – Administração indireta

O Estado cria entidades de Administração com a intenção de interferir no jogo econômico, e, sob essa capa da necessidade de criação de Administração descentralizada, cria-se um aparato de forma a organizar ou explorar uma atividade econômica. Ex.: Mercado financeiro, de interferência direta do Conselho Monetário Nacional e o Banco Central.

A economia desenvolve-se paralelamente ao Estado, embora este tente segurá-la dentro de certos limites por meio de restrições.

6.7.4 – Atuação direta

Como exposto anteriormente, a intervenção do Estado pressupõe agir na esfera privada, sendo-lhe, em regra, vedado, salvo os casos expressos em lei. Em contrapartida, o Estado é responsável pela prestação de serviços públicos.

Apesar disso, pode o Estado intervir por direção ou indução, conforme ensina Eros Grau.

a) Direção: o Estado exerce pressão sobre a economia.
b) Indução: manipula os instrumentos de intervenção – é a ação de regulação da atividade, podendo reprimir o abuso do poder econômico (art. 173, § 4º da CF).

Pode haver intervenção sob o regime de monopólio, conforme art. 177 da CF, como esclarece Hely Lopes Meirelles: "monopólio é a exclusividade de domínio, exploração ou utilização de determinado bem, serviço ou atividade. Característica do monopólio é a privatividade de algum direito ou de alguma atividade para alguém. Monopólio estatal é a reserva para o Poder Público de determinado setor do domínio econômico".

Anota o autor que pode constitui-se monopólio toda a matéria discriminada no art. 21, VII, X, XI e XII da CF. Com isso, tem-se que só se pode falar de monopólio quando ocorrer em atividade que não seja própria do Estado. Daí porque não tem cabimento de falar de monopólio no caso de serviço público.

6.7.5 – Exercício do poder de polícia

Poder de polícia: toda restrição ou limitação coercitivamente posta pelo Estado à atividade ou propriedade privada, para o efeito de tornar possível, dentro da ordem, o concorrente exercício de todas as atividades e a conservação perfeita de todas as propriedades privadas.[6]

Após citar essa definição, o autor define o poder de polícia "como atividade da Administração Pública destinada a limitar o exercício da atividade dos particulares, adequando-a aos interesses encampados no sistema normativo, impondo-lhes uma abstenção".

6.7.6 – Documentação jurídica

Trata-se do dever do Estado de preservar os documentos por ele emitidos pertinentes ao interesse público, assegurando a sua perpetuidade. Isso porque esses documentos registram fatos que têm potencialidade de gerar efeitos jurídicos, atribuindo-lhes autenticidade em repartições do próprio Estado, ou de particulares devidamente credenciados para essa função.

6.7.7 – Atividade instrumental

Trata-se da atividade que o Estado realiza determinados atos com a finalidade de cumprir as suas finalidades, despendendo de recursos ou realizando atos que envolva sacrifícios de direitos.

Ex.: Desapropriação de bens imóveis, cobrança de tributos, recrutamento militar, promoção de concursos públicos.

6.7.8 – Serviços públicos

Quando o ordenamento jurídico prescreve a conduta que deve ter o Estado e fixa-lhe determinados comportamentos que lhe são obrigatórios, impondo um dever de prestar determinada atividade e esta vai beneficiar materialmente alguém ou toda a sociedade, possibilitando-lhes usufruir comodidades, está a se falar de serviço público.

Esse dever de prestar pressupõe o uso de determinada prerrogativas do Estado para que este possa alcançar os seus objetivos. Frise-se que privilégios do Estado não tem a conotação de fruição de benesses e benefícios, devendo-se entender o termo com os deveres, os quais estão expressos constitucionalmente ou em normas complementares.

Resumindo, há uma relação entre os privilégios usufruídos pela Administração Pública com os objetivos que tem que alcançar, havendo vício no comportamento administrativo caso deles se desvie.

Serviço público: é toda a atividade de oferecimento de utilidade ou comodidade material fruível diretamente pelos administrados, prestado pelo Estado ou por quem lhe faça às vezes, sob um regime de Direito Público – portanto, consagrador de prerrogativas de supremacia e restrições especiais – instituídos pelo Estado em favor dos interesses que houver definido como próprios no sistema normativo.[7] Contudo, o autor conclui que a noção de serviço público é política e não jurídica, pois a Constituição e o rol de serviços públicos elencados foram definidos segundo interesses do Legislativo Originário.

> Art. 175 da CF: *Incumbe ao Poder Público, na forma da lei, diretamente ou sob regime de concessão ou permissão, sempre através de licitação, a prestação de serviços públicos.*

Desse artigo, depreende-se que o Estado pode prestar serviços públicos diretamente ou indiretamente (mediante regime de concessão ou permissão).

6.8 – CIÊNCIA DAS FINANÇAS E O DIREITO FINANCEIRO

A origem da teoria do Fisco deu-se remontando sobre a evolução do significado do termo, em que, inicialmente, para os romanos, era tido como pessoa moral ao lado do imperador. No período em que se iniciou a concepção de Estado-Polícia, em que Fisco era o Estado entendido como sujeito de direito

---

[7] Celso Antônio Bandeira de Mello

patrimonial. Passado esse período, o termo ficou, apesar de ter perdido sua essência conceitual.

Ainda relembrando o passado em Roma, o *fiscus* era o imposto que os cidadão pagavam ao caixa do Estado, sendo este posteriormente confundido com o próprio caixa do imperador, o qual tinha poder discricionário para utilizá-lo da forma que bem entendesse.

O direito financeiro, em seu início, teve grandes discussões acerca de ser autônomo em relação ao direito administrativo, sendo a Doutrina nacional a primeira a defender essa tese que, posteriormente, firmou-se em âmbito internacional. Critica-se o fato de o direito financeiro ser estudado atualmente segundo uma visão de mera legislação fiscal, em que seu fundamento jurídico é de direito privado e alguns autores o consideram mera técnica fiscal.

Direito Financeiro, numa primeira classificação, pode ser definido como o direito que regula as atividades financeiras do Estado, relacionando-se, pois, exclusivamente com as finanças públicas, tratando de orçamentos, receitas, despesas e créditos.

Divisão sistemática do Direito financeiro:

a) Direito orçamentário
b) Contratos
c) Patrimônio
d) Receitas
e) Despesas
f) Direito Tributário
g) Tesouro
h) Responsabilidade funcional
i) Prestação de contas

Segundo a Doutrina nacional, dessa lista deveria serem excluídas as matérias de contratos e patrimônio, uma vez que não diferem em nada dessas matérias no ramo do Direito Privado.

6.9 – ENTRADA E RECEITA

Historicamente o patrimônio publico era formado de terras. O artigo 20 da CF disciplina o que pertence à União. Para manter seu aparato e atender às necessidades públicas, o Estado precisa de dinheiro. Existem duas formas[8] do Estado obter recursos:

1) Auferindo lucros provenientes da venda de seus bens e serviços e
2) Usando seu poder para exigir concurso compulsório (daqueles que estão sujeitos a seu poder).

Fala-se em tributo quando o Estado investe sobre patrimônio particular, prestando ou não atividade especifica, mas sempre exigindo determinada quantia em dinheiro. Fala-se em preço quando, no exercício de diversas atividades, alguém utiliza um serviço ou atividade econômica do Estado (ex:industrial, extrativa, comercial, etc.) Todo e qualquer dinheiro que ingressar nos cofres públicos denomina-se entrada[9].

No entanto, nem todo ingresso constitui receita uma vez que podem entrar nos cofres públicos mas não permanecer, daí o nome: entrada provisória. Também é provisória a entrada de dinheiro arrecadado a titulo de empréstimos compulsório (compulsório pq o particular não pode se recusar a pagá-lo e empréstimo pq deve ser devolvido em condições que a lei previr).

Há também as entradas definitivas, aquelas que advêm do poder constritivo do Estado sobre o particular, sejam independentes de qualquer atuação (imposto), sejam dela dependentes (taxa) ou em decorrência de realização de obras publicas (contribuição de melhoria), nos termos do art, 145 da CF.

Em suma, há entradas provisórias e entradas definitivas (essas denominadas receitas).

Entradas:

→ Provisórias: depositos, cauções, fianças, empréstimo compulsório, etc.
→ Definitivas: receitas de extorsão, tributos, preço, etc.

---

[8] Segundo Geraldo Ataliba
[9]

6.10 – A RECEITA PÚBLICA

Receita é a entrada de dinheiro e bens que permanece de forma definitiva nos cofres públicos.

6.10.1 – Classificação das receitas

Em relação à origem da receita pode ser ela classificada como originaria (quando provem do próprio patrimônio publico do Estado ou de relação disciplinada pelo direito privado), derivada (quando advém do patrimônio ou rendas particulares) e transferida (quando arrecadada por um ente estatal e encaminhada a outro, tributarias ou não).

Entradas ou ingressos:

→ Movimento de caixa (entradas com destino de saída):
  - Originarias (não tributarias)
→ Receitas (entradas definitivas)
  - Derivadas (tributarias e outras; relação ao direito público)
  - Transferidas

Movimento de caixa
Há entradas que não constituem receitas. Existem ingressos que se destinam à devolução ou constituem mera movimentação de caixa. Nesses casos, inexiste acréscimo do patrimônio do ente estatal. Por exemplo, se o Poder Público obtém empréstimo por antecipação da receita (art. 165 da CF) terá que devolvê-lo à entidade financeira, logo, há uma entrada para posterior retorno.

Receitas originárias
As receitas originárias decorrem de relação de direito privado ou publico disponível. Em relação ao critério para distinção de receitas não podemos ficar apenas na bipartidação de direito publico e privado uma vez que a separação público/privado não tem hoje o alcance de outrora. Quando as entradas advêm do patrimônio do Estado (independentemente de ser disponível), são elas originarias, constituindo-se em preço. Estes podem advir de relações obrigacionais de direito privado ou de direito público.

Doação

A doação esta disciplinada no Código Cívil de 2002, nos seus arts. 538 a 564: *"contrato em que uma pessoa, por liberalidade, transfere de seu patrimônio bens ou vantagens para o de outra pessoa"*.

Pode o particular efetuar doação de seus bens ou quaisquer vantagens à Administração Publica, que dirá se os aceita ou não. Uma vez operando a aceitação o bem passa a integrar o patrimônio publico constituindo receita.

Sucessão legitima e testamentária e Herança vacante

Outra forma de ingresso originário é a sucessão legítima ou testamentária (art. 1 857 do CC). O art 1 854 assim dispõe: *"Não sobrevivendo cônjuge, ou companheiro, nem parente algum sucessível, ou tendo eles renunciado a herança, este se devolve ao Município ou ao Distrito Federal, se localizada nas respectivas circunscrições, ou à União, quando situada em território federal"*.

No caso de herança vacante, os bens passam para o Estado como receita publica originaria.

Receitas transferidas (repartição constitucional)

As receitas podem ser tributarias ou não, dependendo do regime jurídico a que se submetem as atividades. Algumas denominam-se transferidas (quando são arrecadadas por uma unidade federativa e repassadas a outra na forma disciplinada pelos arts. 157 a 162). Discute-se a retenção de recursos para efetuar pagamento de crédito. A regra é a vedação da retenção de qualquer recurso uma vez que a titularidade do recurso é do Estado ou Município, dependendo do tipo de imposto. No entanto, a exceção está aberta.

Existem as receitas transferidas obrigatórias cujo titular da arrecadação não é necessariamente, o titular do tributo. Não pode reter o produto arrecadado, nem deixar de repassá-lo às unidades federadas, salva para solver débitos com a União, nos exatos termos do parágrafo 4 do art.167.

As receitas transferidas voluntárias são as receitas que as entidades menores vão buscar junto às maiores a titulo de ajuda. É o que se denomina transferência corrente.

6.11 - A LEI COMPLEMENTAR 101/2000 E A RECEITA PÚBLICA

É requisito essencial da responsabilidade que o Poder Público institua, preveja e arrecade "todos os tributos da competência constitucional do ente da Federação".

Como é o agente publico responsável pelo destino dos recursos arrecadados, deve ser responsável pela previsão da receita. Como a lei estabelece todos os recursos do ente federativo, deve exercer o poder tributário em toda sua plenitude. Omitir-se na arrecadação também enseja responsabilidade. A matéria é estudada com mais dados no capitulo de lei de responsabilidade fiscal.

6.12 - RECEITAS PÚBLICAS TRIBUTÁRIAS

6.12.1 - Introdução

Existem receitas tributárias e não tributárias. As receitas não tributarias são aquelas entradas decorrentes de atividade do Estado submetida as direito privado, ou, então, do que se rotulou direito publico disponível, ou seja, advindo da exploração do patrimônio do Estado.

6.12.2 - Competência tributaria

6.12.2.1 - Capacidade

A competência tributaria é a aptidão para instituir tributos. O critério para a repartição tributaria decorre da vontade política do constituinte. Efetuada a partilha, deve haver o exercício da competência, ou seja, a instituição dos tributos. Através da lei, o ente federado cria os tributos, no montante e nos limites estabelecidos na Constituição, efetuando a arrecadação.

Capacidade é a aptidão para figurar no pólo ativo da relação tributaria. Distingue-se da competência, porque esta é a aptidão para instituir ou criar o tributo. A capacidade é a mera perspectiva de figurar no pólo ativo da relação jurídico-tributária, exigindo o pagamento do tributo.

6.12.1.2 – Tributo

Tributo é a obrigação jurídica de entregar dinheiro (pecuniária) aos cofres públicos. Tal obrigação decorre de lei expressa. Discute-se se é possível instituir ou aumentar tributa através de medida provisória. Os casos de vedação encontram-se no art 62, incisos I a IV do parágrafo 1 da CF. Há admissão da edição de medida provisória em matéria tributaria desde que se obedeça o princípio da anterioridade.

6.12.1.3 – Espécies tributárias

O tributo é gênero dividido em imposto, taxa, contribuição de melhoria, empréstimo compulsório e as contribuições especiais. Essa divisão é, segundo Regis, quase unanimemente aceita.

6.13 – IMPOSTO

6.13.1 – Classificação

Imposto é uma espécie de tributo que independe de uma atividade do Estado (ex: quando compro uma camisa pago imposto). Sou obrigado a pagar imposto por força de lei. Esse tributo é o que fornece maiores meios para o abastecimento dos cofres públicos e para o cumprimento das finalidades estatais.

6.14 – TAXAS

A taxa é o tributo que depende da atividade do Estado. As taxas podem ser cobradas em decorrência do exercício do poder de policia e da prestação efetiva ou potencial do serviço publico, especifico e divisível. São duas as taxas: de policia e de serviço.

As taxas de serviço pressupõe a mensuração da atividade prestada. Decorrem de prestação especifica e divisível de um serviço público. Se o serviço é efetuado pelo Estado não há duvida de que se cobre taxa, no entanto se o serviço é transferido ao terceiro (por concessão) é devido um preço. Se uma atividade já é tributada por imposto não pode instituir taxa sobre ela.

6.14.1 – Taxa e preço – Tarifa

Não existe ma posição dominante entre os autores. O professor Regis acredita que taxa decorre de serviço prestado diretamente pelo Estado, preço ocorre quando o Estado transfere o serviço a terceiro.
Tarifa é preço ou taxa tabelado. Regis não entende tarifa como conteúdo semântico próprio.

6.15 – CONTRIBUIÇÃO DE MELHORIA

A contribuição de melhoria *"é instituída para fazer face ao custo de obras publicas de que decorra valorização imobiliária, tendo como limite total a despesa realizada e como limite individual o acréscimo de valor que da obra resultar para cada imóvel beneficiado"* (art, 81 do Código Tributário Nacional). Essa espécie tributaria se distingue da outra na medida em que tem como fato gerador a obra publica.

6.16 – A TEORIA DOS PREÇOS

A Constituição prevê a remuneração dos serviços públicos mediante taxa ou tarifa. Geraldo Ataliba: a remuneração dos serviços públicos se dá através do pagamento de taxas pelos seus usuários, com a aplicação do correspondente regime jurídico tributário.
Muitos autores entendem que, no caso de prestação de serviço público mediante concessão ou permissão a que alude o art. 175 da CF, a remuneração a ser arcada pelo usuário teria natureza de tarifa, submetendo-se ao regime administrativo.
Pedágio: há entendimento de que, por ser uma prestação do serviço concedida pelo Estado, havendo, portanto, o pagamento de taxa.
Taxa: os serviços públicos são remunerados por taxa sempre que sua fruição pelo administrado for compulsória, não importando, neste caso, se há, ou não, efetiva utilização para caber a incidência, bastando que sejam postos à sua disposição (art. 145, II, da CF). Ex.: serviços de coleta de esgoto sanitário, distribuição de água domiciliar.
Tarifa ou preço público: é aquela em que se remunera os serviços públicos facultativos, ou seja, os oferecidos aos usuários para que estes os utilizem se e

quando os desejarem. Na tarifa, a obrigação de pagar é sempre contraída pela efetiva percepção de uma vantagem traduzida na prestação do serviço, ou seja, só aparece com a utilização. Ex.: transporte coletivo, telefone, gás encanado.
Divisão feita pelo Min. Carlos Velloso:

a) Serviços públicos propriamente estatais: são aqueles indelegáveis ao particular, já que a sua prestação representa atuação do Estado no exercício de sua soberania, e seriam remunerados exclusivamente por taxas. Ex.: serviços judiciários e emissão de passaporte.
b) Serviços públicos não essenciais ao interesse público: são aqueles prestados no interesse da comunidade, sendo remunerados por taxas incidentes sobre a utilização efetiva ou potencial do serviço. Ex.: distribuição de água e coleta de lixo.
c) Serviços públicos não essenciais e que, não utilizados, disso não resulta dano ou prejuízo para a comunidade ou para o interesse público: são aqueles passíveis de concessão ou permissão ao interesse de particulares. Ex.: serviço postal, telefônicos, telegráficos de distribuição de energia elétrica.

Assim, é possível verificar que há serviços públicos efetivamente indelegáveis e que, portanto, na podem ser objeto de prestação por particulares, nem remunerado por tarifas.

Segundo Celso de Mello, concessão de serviço público é o instituto através do qual o Estado atribui o exercício de um serviço público a alguém que aceita prestá-lo em nome próprio, por sua conta e risco, nas condições fixadas e alteráveis unilateralmente pelo Poder Público, mas sob garantia contratual de um equilíbrio econômico-financeiro, remunerando-se pela própria exploração do serviço, em geral e basicamente mediante tarifas cobradas diretamente dos usuários do serviço

O elemento lucro, nos casos de concessão ou permissão, é considerado no oferecimento da proposta e garantido ao longo do ajuste pela regra da intangibilidade da equação econômico-financeira inicialmente pactuada, nos termos do art. 37, XXI, da CF.

As empresas estatais não têm direito subjetivo à manutenção do equilíbrio econômico-financeiro, que pressupõe a existência de um contrato. Todo capital das estatais e, eventualmente, o excedente alcançado na prestação de serviços públicos devem ser aplicados na própria prestação do serviço, na melhoria da sua prestação à comunidade e no aperfeiçoamento e estímulo dos recursos humanos por trás da atividade.

Os concessionários, por sua vez, podem dispor livremente do lucro auferido na prestação do serviço público, inclusive na aplicação em investimentos totalmente estranhos à atividade que exercem.

Conclui-se que o Estado, quando presta ou põe à disposição do cidadão, diretamente, serviço público específico e divisível, deve remunerar-se por taxas, nunca por tarifas.

Ao outorgar competência constitucional às pessoas jurídicas de direito público interno para criar taxas pela prestação de serviços públicos, foram determinados três requisitos para o cumprimento do desígnio constitucional:

a) A utilização do serviço público pelo cidadão deve ser efetiva ou potencial
b) Os serviços públicos devem ser específicos e divisíveis
c) Os serviços públicos que dão azo à exigência da taxa podem ser prestados ao contribuinte ou postos a sua disposição

Diferenças entre taxa e tarifa:

Taxa	Tarifa
Regime tributário	Regime administrativo
Caráter contraprestacional coincidindo com o total da remuneração do serviço prestado	Caráter contraprestacional que pode ou não coincidir com o total da remuneração do serviço prestado
Só podem ser exigidas ou alteradas por lei, nunca por ato infralegal	É fixada pela Administração no exercício do poder tarifário, nos termos da proposta vencedora da licitação
Não tem por finalidade o lucro (princípio do não-confisco)	O lucro é garantido como forma de equilíbrio econômico-financeiro do contrato de concessão
Compulsória	Facultativa
Serviço público	Obra pública

6.17 – RECEITAS PÚBLICAS NÃO TRIBUTÁRIAS

A origem de todo o patrimônio do Poder Público advém de terras, prédios, bens móveis e semoventes. Contudo, há formas de o Poder Público utilizar seu patrimônio imobiliário mediante:

a) Autorização de uso: beneficia exclusivamente o particular (retirada de água de fonte pública)
b) Permissão de uso: tem interesse coletivo (é o caso de mercados públicos ou áreas de instalação de feirantes)
c) Concessão de uso: tem caráter contratual (concessão de minas, de áreas de aeroportos)
d) Concessão de direito real de uso: ocorre quando a Administração transfere o uso de terreno a particular, como direito real resolúvel (terrenos da marinha)

Em tais casos, tem-se a chamada entrada originária, em que o pagamento ocorre mediante *preço*, ou seja, segundo as leis do mercado ou pela estipulação decorrente de licitação.

É de se destacar a admissibilidade de alienação dos bens públicos, bem como a permuta e a doação (Lei 9.636/98 – trata dos bens públicos).

6.18 – A LEI 8.666/93: LEI DAS LICITAÇÕES

A divisão conceitual das receitas públicas (entradas ou ingressos de dinheiro) pode ser feita da seguinte maneira:

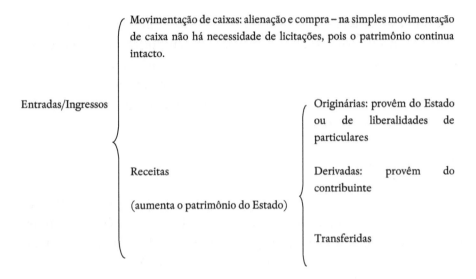

Não existe bem público que não esteja vinculado a um objetivo especial ou público, sendo a propriedade pública denominada como "propriedade afetada", do que decorre das características de inalienabilidade e imprescritibilidade.

A relação que se forma entre o Poder Público e seus bens é de propriedade. Não a propriedade de direito privado, mas a *propriedade administrativa*, o que lhe dá o direito de dela retirar as utilidades econômicas, tais quais dos bens de uso especial.

6.18.1 – O Uso de bem público

Zona azul: apesar de grande parte entender que o pagamento de zona azul dá-se por taxa, alegando haver uma taxa de polícia devido ao exercício dessa atividade, o autor defende ser preço, pois trata-se do uso de um bem público utilizado como entrada originária, e não derivada, em que o particular paga justamente por usufruir desse bem. Trata-se de competência do Município tratar da fiscalização do trânsito. Portanto, como se verá, o autor entende que sempre que o Poder Público autorize, permita ou conceda o uso de bem público, pode e deve cobrar por tal outorga, fazendo-o por meio de preços.

6.18.2 – Receitas decorrentes de obras públicas

Obra pública: é toda realização material a cargo da Administração ou de seus delegados, em que o Estado pode realizar diretamente ou mediante concessão. O autor ressalta que serviço público tem como contraprestação a taxa.

Com isso, diz que entende não estar o serviço na própria obra, pois, se assim fosse, poder-se-ia cobrar pelo trânsito em vias públicas qualquer tributo que diga respeito ao próprio uso da obra.

6.18.3 – Pedágio

Segundo julgado do STF, há o entendimento de que o pedágio tem natureza de taxa nas limitações constitucionais ao poder de tributar. Segundo o autor, dir-se-á que o fato gerador é o serviço de conservação das estradas, tentando-se instituir uma taxa pela fixação de tal fato gerador. Afirma, contudo, que se cobra, na verdade, o uso da obra pública, devendo, portanto, ser cobrado preço e não taxa.

6.18.4 – Transporte público

Não há contrato no caso do transporte público, mas somente mera admissão ao serviço público.

Se o serviço inexiste, não há como se falar em direito público subjetivo à sua prestação. Contudo, consumada a admissão, transforma-se em direito à prestação. Ressalva-se, apenas, a faculdade da Administração assumir o serviço. Se este está previsto, há dever, não faculdade.

Conclui – se que, neste caso, cabe somente falar de sujeição a determinado serviço expressamente disciplinado por meio do regulamento constante de contrato firmado entre poder concedente e o concessionário.

Consideramos o transporte coletivo como serviço público, segundo interpretação da Constituição, que diz que compete ao Município organizar e prestar, diretamente ou sob regime de concessão ou permissão, "os serviços públicos de interesse local, incluído o de transporte coletivo, que tem caráter essencial" (art. 21, inc. XII, alíneas *a* e *d*).

Assim, o que se depreende do texto constitucional é que o transporte coletivo é um serviço público de caráter essencial, e, portanto, defendo o autor que o que se paga, na verdade, é taxa. O problema é que se este bem ou serviço torna-se essencial para alcançar liberdade real ou efetiva, sob a ótica da procura existencial, e especialmente quando o Estado monopoliza a prestação do mesmo, não cabe dúvida de que se trata de uma voluntariedade fictícia, e nesse sentido, devem considerar-se incluídas no âmbito da reserva da lei, pois na realidade são prestações impostas ao cidadão, já que a liberdade de renunciar a uma parte importante da vida social torna-se ilusória.

Por fim, afirma que não se trata de relação contratual por independer da manifestação de vontade do contribuinte, como o caso do menor que coloca carta devidamente selada no correio: não interesse a capacidade civil do agente, bastando somente o cumprimento do exigido pela Administração.

Assim, há o dever do serviço, que é retribuído por taxa, e a sujeição a ele, denomina-se de adesão regulamentar.

6.18.5 – Serviço de fornecimento de água e esgotos

O atual entendimento é que se trata de taxa, e não preço público, pois trata-se de serviço público prestado pelo Estado, e não obra pública.

6.19 – DESPESA PÚBLICA

6.19.1 – Conceito

Segundo Aliomar Baleeiro a despesa pública pode ser " o conjunto dos dispêndios do Estado, ou de outra pessoa de direito público, para o funcionamento dos serviços públicos" ou em sentido mais estrito "aplicação de certa quantia, em dinheiro, por parte da autoridade ou agente público competente, dentro duma autorização legislativa, para execução de fim a cargo do governo".

O Estado deve, em primeiro lugar, traçar as finalidades a serem atendidas, que devem ser de interesse público. Depois, o Estado deve abastecer-se de dinheiro. Quando o Estado aplica esse dinheiro com a finalidade traçada, há a despesa.

Houve tempos em que o Estado não precisava abastecer-se de dinheiro, uma vez que realizava suas finalidades através de requisições de serviços ou bens. Com a conquista de direitos individuais pelo povo, como as liberdades individuais e a proteção da propriedade privada, tal prática não mais é possível e a arrecadação de receitas é feita através dos processos jurídicos previstos na constituição e na lei.

6.19.2 – Decisão Política

A decisão do Estado de gastar suas receitas é fundamentalmente política e depende das prioridades adotadas pelos governantes. Esses devem elaborar um plano de ação, descrevê-lo no orçamento, apontar meios disponíveis para seu atendimento e efetuar o gasto, após a autorização legislativa (aprovação da lei orçamentária ou de créditos especiais e complementares).

6.19.3 – Requisitos para a despesa. Vinculação constitucional

A constituição vincula parte da receita resultante de impostos para a **saúde** e para o **ensino**. Assim, de acordo com o art. 212, caput da CF, a União aplicará, anualmente, nunca menos de 18, e os Estados, o Distrito Federal e os Municípios 25%, no mínimo, da sua receita(incluindo a transferida) em ensino.

A vinculação relativa a saúde prevista no inc. IV do art. 167, foi determinada pela EC n. 29/2000. Com o advento da EC n. 42/2003, que deu nova redação a esse mesmo inciso do art.167, as hipóteses de vinculação foram aumentadas para as despesas com a realização de atividades da administração tributária e a prestação de garantias às operações de crédito por antecipação de receita e pagamento de débito para com a união.

Além disso, o Poder público deve efetuar previsão orçamentária do pagamento dos serviços públicos e consumá-los, restando pouco para a decisão política.

Dentro dos gastos não vinculados há diversas restrições:

- **Autorização Legislativa:** Todas as despesas devem estar devidamente autorizadas pelo Congresso Nacional, quando da aprovação da lei orçamentária (art. 165, parag. 5º, 6º e 9º, 167 e 169)
- **Licitação:** Regulada pela lei 8.666, de 93. Sem o processo de licitação a aquisição pode ser anulada. Exceções: impossibilidade de licitação e hipóteses de desnecessidades, dispostas na lei.
- **Documentação:** Toda despesa deve ser documentada, o que se faz através do empenho, definido por lei como "ato emanado de autoridade competente, que cria para o estado obrigação de pagamento pendente ou não de implemento de condição". Ou seja, é a garantia de que existe o crédito necessário para a liquidação de um compromisso assumido; é o primeiro estágio da despesa pública.

Além de tais vinculações há outras previstas na lei de responsabilidade fiscal, no orçamento participativo, nos fundos de destinação etc., temas tratados em outros capítulos.

6.20 – CLASSIFICAÇÃO

As despesas podem ser classificadas em:

Ordinárias: Devem se sustentar com recursos que possam se renovar a cada orçamento.
Extraordinárias: São despesas momentâneas e esporádicas.

Correntes: realizadas com a manutenção dos equipamentos e com o funcionamento dos órgãos.
De capital: As realizadas com o propósito de formar e/ou adquirir ativos reais, abrangendo, entre outras ações, o planejamento e a execução de obras, a compra de instalações, equipamentos, material permanente, títulos representativos do capital de empresas ou entidades de qualquer natureza, bem como as amortizações de dívida e concessões de empréstimos.

{ **Federais:**
  Estaduais: Divididas de acordo com a competência
  Municipais:

6.20.1 – Da despesa pública. Geração da despesa à luz da Lei de Responsabilidade Fiscal

Todas as despesas devem encontrar respaldo constitucional ou legal e gerar benefícios ao Poder Público. Além disso, para se criar uma nova despesa é necessário que se faça uma previsão de impacto no exercício que ela vai entrar em vigor e nos dois seguintes, acompanhada de uma "declaração do ordenador da despesa de que o aumento tem adequação orçamentária e financeira com a lei orçamentária anual e compatibilidade com o plano plurianual e com a lei de diretrizes orçamentárias." (art. 16, II da LC 101/2000).

A despesa deve estar adequada, ou seja, deve existir dotação específica e suficiente ou, existindo previsão genérica, há de estar acobertada entre as despesas realizadas e a realizar. Deve ser compatível com o plano plurianual e com a lei de diretrizes orçamentárias, adaptadas às diretrizes orçamentárias, adaptadas as diretrizes, objetivos, prioridades e metas previstos nesses instrumentos, e não infringir suas disposições. (art. 16 parágrafo 1º, III)

Tais normas analisadas são pré-requisitos para empenho e licitação de serviços, fornecimento de bens, execução de obras e desapropriação de imóveis urbanos.

6.20.2 – Despesa obrigatória de caráter continuado

Despesa corrente derivada de lei, medida provisória ou ato administrativo normativo que fixem para o ente a obrigação legal por um período superior a dois exercícios. (analise detalhada no capítulo de LRF)

6.20.3 – Despesas com pessoal

As restrições às despesas com pessoal foram introduzidas pela LRF. A despesa total com pessoal de cada ente federativo constitui (art. 18 da LRF):

- Com ativos, inativos e pensionistas
- Relativos a mandatos eletivos, cargos, funções ou empregos civis, militares e de membros de Poder, com quaisquer espécies remuneratórias, tais como vencimentos e vantagens, fixas e variáveis,subsídios, proventos da aposentadoria, reformas e pensões, inclusive adicionais, gratificações, horas extras e vantagens pessoais de qualquer natureza
- encargos sociais e contribuições recolhidas pelo ente às entidades de previdência
- os valores de contratos terceirizados de mão de obra, substitutiva de servidores e empregados públicos

6.20.4 – Do controle da despesa total com pessoal

A LRF estabelece nulidade de ato que provoque aumento de despesa com pessoal (art. 21), e invalido caso tenha sido praticado em desobediência a preceito constitucional ou legal.

Caso haja excesso na despesa com pessoal, deverá haver a redução nos dois quadrimestres seguintes. Em primeiro lugar, deve gaver redução de despesas com cargos em comissão e função de confiança, que são os cargos onde há o maior desvio de finalidade em sua nomeação. Em segundo lugar, devem ser exonerados os não estáveis. Apenas após essas duas providencias pode haver exoneração de estáveis.

Caso haja um descumprimento das normas, há um impedimento no recebimento das verbas transferidas.

6.20.5 – Despesas com a seguridade social

Consiste em gastos destinados a "assegurar os direitos relativos à saúde, à previdência social à assistência social" (art. 194 da CF). O Estado deve cobrar contribuições (art.195) e destiná-las a esses fins específicos, controlando seu emprego e arrecadação e vinculando os recursos às atividades previstas.

6.21 - O ORÇAMENTO

6.21.1 - Conceito

Inicialmente, o conceito de orçamento era um mero documento financeiro ou contábil, contendo previsões das receitas e a autorização das despesas, sem preocupação com planos governamentais ou interesses da população.

Com o decorrer do tempo, houve a mudança do papel do Estado (passa a ser atuante, deixa de ser mero espectador) e também do papel do orçamento, o qual passa a ser um instrumento de ação do Estado. Assim, é através desse instrumento que o Estado fixa seus objetivos, assume as formas de intervenção econômica.

O orçamento possui vários aspectos: político (revela os desígnios sociais e regionais na destinação das verbas), econômico (manifesta a atualidade econômica), técnico (cálculo da receita e das despesas) e jurídico (pelo atendimento às normas constitucionais e legais).

6.21.2 - Evolução do conceito de orçamento

No direito romano havia a cobrança de despojos de guerra, além de pagamentos que se faziam ao erário. Entretanto, no direito romano, assim como na Idade Média, não se podia falar em controle orçamentário, apesar de já existir a necessidade de abastecimento do erário. Com o tempo, surge a necessidade de controle dos gastos e receitas com a passagem do Estado absoluto para o Estado liberal.

Assim, com o Estado liberal e as instituições de democracia representativa surge o conceito clássico de orçamento: peça de previsão das receitas e autorização das despesas públicas, sem a cogitação das necessidades da administração ou da população. Tal orçamento era uma mera previsão financeira (diferente de conta, que é uma efetivação), sendo neutra do ponto de vista político. Por ser mera previsão não possuía obrigações ou possibilidade de responsabilização do administrador, sendo uma mera peça de ficção (podendo ser alterada conforme os interesses do político administrador).

Já a idéia de orçamento-programa surge apenas com a planificação econômico-social, inicialmente na Rússia e depois em diversos países no período após a Segunda Guerra, como forma de recuperação econômica. Essa nova concepção (orçamento-programa) transformava o orçamento não apenas numa elaboração financeira, mas também era o definidor da orientação política do governo. Surgem, dessa forma, as concepções políticas de justiça social e solidariedade nacional.

Atualmente, o orçamento é um programa de governo, uma lei periódica contendo previsão de receitas e fixação de despesas, programando a vida econômica e financeira do Estado, de cumprimento obrigatório e vinculativa do comportamento do agente público.

6.21.3 – Controvérsias sobre a natureza jurídica do orçamento

Há diversas teorias sobre a natureza jurídica do orçamento: simples ato administrativo sem caráter de lei; lei (formal, material, formal e material); caráter misto: lei quanto à receita e ato administrativo quanto à despesa; ato-condição.

- Simples ato administrativo: mero instrumento de arrecadação, procedimento arrecadatório para que o Estado cumpra suas funções.
- Lei formal: sua aprovação é igual aos demais projetos (arts. 59 a 69 da CF), formalmente é lei, ainda que seu conteúdo seja diferente das demais leis. Entretanto, o orçamento possui algumas peculiaridades, como a existência de prazos para que seja encaminhado pelo Executivo ao Legislativo (art. 35, §2º, ADCT), não pode ser objeto de lei delegada (art. 68, §1º, III, CF), o descumprimento de lei orçamentária resulta em responsabilidade do Presidente da República (art. 85, VI), etc.
- Lei material (em relação às receitas): na previsão dos recursos tributários e receitas originárias há constante possibilidade de cobrança (previsão legal não se exaure numa só previsão). Possui caráter de generalidade (alcança uma série ou classe de pessoas), abstração (a ser aplicada por subsunção da ação-tipo repetitiva nos casos concretos) e inovação do mundo jurídico (a lei produz efeitos na realidade, mudando direitos, criando obrigações, etc.). Nesse aspecto o orçamento caracteriza-se por ser um plano de governo, os fins devem ser buscados tal como previstos pelo legislador.

- Lei material e formal: formal quanto às despesas (sempre previstas em um ato administrativo) e material quanto às receitas.
- Ato-condição: as receitas estão previstas em lei tornando-se efetivas através dos atos dos funcionários (sendo que o orçamento autoriza tais atos dando eficácia à lei) e as despesas dependem de expressa previsão legal.

Em suma: para Régis de Oliveira, é importante atentar para o aspecto formal da lei e também de seu caráter programático.

6.21.4 – Concepção moderna de orçamento

Atualmente o orçamento não é apenas uma mera previsão financeira, nem é apenas subordinado à concepção política dominante. No Brasil as receitas estão vinculadas à previsão do plano plurianual (genérica e quadrienal), a qual influencia também a lei de diretrizes e bases e a lei orçamentária anual.

Nesse sentido, a lei orçamentária passa a ser vinculativa da ação do Estado, o orçamento deve ser real, uma forma de planejamento, vinculando ação política e administrativa, uma peça compromissada com os interesses públicos.

Diante dessa nova perspectiva, surge, por exemplo, a noção de orçamento participativo (debates, audiências, consultas públicas sobre as propostas do plano plurianual, etc; como previsto no art. 44, f, III no Estatuto da Cidade), criando possibilidade de maior cobrança da realização das metas orçamentárias, maior legitimidade, diminuindo o caráter autoritário e possessivo do orçamento.

6.21.5 – Noção moderna de gasto público dentro do orçamento

A decisão da despesa é uma decisão política, devendo o governante atender aos reais interesses da sociedade. No entanto, recentemente, tal decisão vem sofrendo restrições pela CF e por leis.

Como exemplo pode-se notar a preocupação presente no art. 212 CF com a questão do ensino, fixando percentuais mínimos da receita resultantes de impostos a serem investidos nessa importante necessidade básica. Outro exemplo dessa vinculação do legislador ao estruturar a peça orçamentária é o do investimento obrigatório em saúde segundo a EC 29/2000 (sendo que apesar dessa vinculação a decisão ainda é política).

Outras vinculações surgem como as da Lei de Responsabilidade Fiscal (LC 101/2000) no tocante ao pagamento dos servidores (art. 9, § 2º LRF), envio do Anexo de Metas e de Riscos (art. 4º, §§ 1º e 3º LRF) como forma de balizar o comportamento do agente público; necessidade de pagamento de todas as despesas (executar é cumprir o determinado), necessidade de fixar todas as despesas (reconhecimento da dívida), etc.

A execução do orçamento deve ser eficaz, uma vez que a inexecução ocorrente por excesso de poder, fora dos limites discricionários razoáveis pode ser questionada judicialmente por quem tiver interesse jurídico na demanda. Nesse sentido, o Executivo deve sempre balizar sua conduta de forma condicionada ao sistema legal vigente, incluídos os princípios expressos no art. 37 CF.

Apenas as particularidades de cada caso concreto podem obrigar ou não o Executivo a executar o orçamento, tal como aprovado e autorizado pelo Legislativo, não sendo razoável a exigência de cumprimento cego da lei orçamentária nem seu oposto, ou seja, total arbítrio.

Assim, em regra, as despesas autorizadas obrigam o administrador, exceto nos casos em que se demonstrar a impossibilidade ou séria inconveniência de sua efetivação (no entanto há algumas ressalvas a essa justificação – luz, água, gás e outras despesas semelhantes não admitem justificativa capaz de impedir seu consumo). Importante ressaltar que as entradas são previsíveis, não exatas, sendo que a liquidação operar-se-á no curso do exercício financeiro, tendo o credor razoável certeza em receber o montante previsto se não existirem riscos.

6.22 – OS PRINCÍPIOS ADMINISTRATIVOS E O ART. 37 DA CF

A Administração Pública é norteada por alguns princípios constitucionais como legalidade, impessoalidade, moralidade, publicidade, eficiência, entre outros. Um dos pilares da boa administração é o atingimento de suas finalidades, o que impede abuso de poder.

Quanto às despesas, existem as variáveis (sem arrimo legal), sujeitas ao discricionarismo administrativo (podendo ou não ser pagas) e as fixas (decorrentes de norma constitucional ou legal), as quais criam direito subjetivo em favor do credor, com pagamento obrigatório e pena de responsabilização do Presidente da República pelo seu não pagamento, estando o próprio Congresso nacional vinculado.

Exemplo de tais despesas obrigatórias (de caráter continuado no orçamento) são os valores do fornecimento de serviços públicos no orçamento dos municípios, excluindo-se qualquer juízo de conveniência e oportunidade para sua realização (existindo raras exceções para sua não execução, como motivos graves ou excepcionais, não havendo, no entanto, espaço para discricionariedade). Também a despesa de custeio possui caráter obrigatório.

6.23 – SISTEMA DE CONTROLE EXTERNO DO ORÇAMENTO

O Judiciário não pode examinar o mérito político da decisão do administrador, mas apenas a legalidade do ato (não ocorrendo invasão de competência), uma vez que não há discricionariedade para o Estado agir sem previsão legal ou excesso de poder, havendo vinculação pelo princípio da legalidade.

Dessa forma, busca-se evitar a não inclusão de despesas, omissão de provisões de pagamento, com o risco de mascarar uma situação de inadimplência e pujança econômica que o governo não possui, com o orçamento tornando-se mera peça de ficção.

Dessa forma, de acordo com a separação e harmonia dos poderes (art. 2º CF) o controle externo é feito pelo Legislativo e seu órgão auxiliar, o Tribunal de Contas, os quais irão fiscalizar o orçamento não apenas no aspecto estritamente legal, mas segundo critérios de legitimidade e economicidade.

Também o poder Judiciário pode controlar os atos do governo, permanecendo a possibilidade de utilização dos meios judiciais por qualquer cidadão, seja por ação popular (proteção a interesses coletivos) ou ações individuais.

Quanto aos atos administrativos e sua discricionariedade, a liberdade outorgada pela lei ao administrador está vinculada à finalidade pública em face da qual foi admitida a discricionariedade. Desse modo, o poder discricionário nunca deixa de estar vinculado à ordem jurídica, devendo seguir os valores e princípios legais na sua forma, limites de competência, finalidade, moralidade, etc. Não apenas a legalidade (principalmente arts. 37 e 70 CF), mas a totalidade dos princípios vincula os atos administrativos.

6.24 – PRINCÍPIOS ORÇAMENTÁRIOS

Os princípios defluem do todo sistematizado do ordenamento jurídico, sendo que os denominados princípios orçamentários são características específicas que tais leis têm e que as tornam distintas das demais e de outros atos praticados pelo governo.

- Princípio do equilíbrio (art. 4º, a, I LRF): para alguns não é princípio, antes um pressuposto do orçamento, uma vez que o não equilíbrio entre gastos e receitas gerará aniquilamento do próprio Estado ou seu endividamento.
- Princípio da universalidade: todas as receitas e despesas devem estar previstas na lei orçamentária (art. 165, § 5º CF). No entanto, há um ponto que rompe com tal princípio: tributos que podem ser cobrados de um ano a outro sem que estejam previstos na lei orçamentária, podendo ser previstos posteriormente à aprovação e sanção da lei própria (súmula 66 do STF, uma vez que o tributo sujeita-se ao princípio da anterioridade, bastando que tenha sido instituído ou aumentado no exercício anterior para que possa ser cobrado no seguinte).
- Princípio da anualidade: o orçamento deve ser atualizado todos os anos (art. 165, III, CF), existindo uma necessidade de periodicidade do orçamento para controle da população. Atualmente tal princípio encontra-se ultrapassado, existindo ao lado do orçamento anual o plano plurianual (art. 167, I CF), além do que dentro do orçamento anual existem diversos orçamentos (fiscal, investimento, seguridade social).
- Princípio da exclusividade (art. 165, § 8º CF): não pode o texto da lei orçamentária instituir tributo nem qualquer outra determinação que fuja às finalidade específicas de previsão de receita e fixação de despesas, existindo algumas exceções legais.
- Princípio da unidade (art. 165, § 5º): a peça orçamentária deve ser única e uma só, contendo todos os gastos e receitas, cuida-se de princípio formal, isto é, o documento único.
- Princípio da não afetação (art. 167, IV, CF): veda a vinculação de receita de impostos a órgão, fundo ou despesa, com ressalvas quanto à questão do ensino, saúde, Fundo de Combate e Erradicação da Pobreza,

realização de atividades da administração tributária, prestação de garantias às operações de crédito em antecipação de receitas, para atender ao pagamento de débitos para com a União. Tal dispositivo constitucional fala em vinculação de receita de impostos, o que significa que será possível vincular taxas e contribuições de melhoria. Esse princípio significa que não pode haver mutilação das verbas públicas, o Estado não pode ser colocado dentro de uma camisa de força, deve possuir a disponibilidade para agir.

- Outros princípios: especificação, programação, legalidade, sinceridade, clareza, etc.

6.25 – AS LEIS ORÇAMENTÁRIAS

Estão previstas no art. 165 da CF, são três: plano plurianual, lei de diretrizes orçamentárias e a lei de orçamentos anuais.

6.26 – O PLANO PLURIANUAL

Desdobramento do orçamento-programa. A lei estabelece, "de forma regionalizada, as diretrizes, objetivos e metas da administração pública federal para as despesas de capital e outras dela decorrentes e para as relativas aos programas de duração continuada." (art. 165 CF, § 1º).

O orçamento é instável, suas previsões são complicadas. Hoje possui novas funções, sendo *instrumento de programação econômica, de programação da ação governamental*, influenciando na economia global do país.

O plano plurianual define o planejamento das atividades governamentais.

- Despesas de capital: *investimentos, inversões financeiras* e *transferências de capital*. *Investimentos* são dotações para o planejamento e execução de obras, programas especiais de trabalho, aquisição de instalações, equipamentos e material permanente e constituição ou aumento do capital de empresas que não sejam de caráter comercial ou financeiro. *Inversões financeiras* destinam-se à aquisição de imóveis ou de bens de capital, aquisição de títulos representativos do capital de empresas ou entidades, e outros. *Transferências de capital* são dotações realizadas por outras pessoas de direito público ou privado (auxílios ou contribuições). As definições completas estão na Lei 4320/64, art.12.

A CF objetiva a redução de desigualdades regionais (art. 43 e 167). Por isso há planos que consideram essas diferenças, e devem estar eles harmônicos com o plano plurianual.

Os investimentos que ultrapassem o exercício financeiro devem ser registrados no plano plurianual.

Se o Presidente não envia o projeto do plano plurianual, só poderiam ocorrer obras ou serviços com autorização legislativa. Se o projeto não é devolvido, rejeitado pelo Congresso, o Presidente pode assumir o risco de administrar o país com seu plano, ou solicitar autorização legislativa.

O plano pode ser mudado, quando alterações forem imprescindíveis.

6.27 – A LEI DE DIRETRIZES ORÇAMENTÁRIAS

Está regulada pelo parágrafo segundo do art. 165 da CF, alterada pela LC 101/2000. É uma lei anual que deve traçar regras gerais para o plano plurianual e os orçamentos anuais. Deve definir metas e prioridades que constarão do plano plurianual, orientar a elaboração da lei orçamentária anual e dispor sobre as alterações na legislação tributária.

Busca o equilíbrio orçamentário, que deve ser *real*. O Legislativo deve esmiuçar a proposta, estudá-la, alicerçando-se em dados concretos e factíveis.

A LDO deve também dispor sobre limitação de empenho. O empenho é operação financeira de caráter contábil, visando à reserva de numerário para o pagamento de despesa comprometida, dentro da dotação específica. O que se veda é a assunção de novas obrigações, não se podendo realizar operações de crédito que ultrapassem o limite do possível. – contingenciamento ("congelamento") de dotações.

A LDO também deve fixar parâmetros para o administrador, delimitando critérios para os custos assumidos e ainda para aferição de resultados de programas financiados com recursos orçamentários.

Deve ainda dispor sobre "condições e exigências para transferência de recursos a entidades públicas e privadas." (art. 4º, I, *e*, da LC 101/2000). Podem ser critérios tanto finalísticos como meramente formais.

Exige-se o Anexo de Metas Fiscais, que deve acompanhar o projeto da LDO. Refere-se a três exercícios: fixa receitas e despesas, resultados nominal e primário e montante da dívida pública, para o exercício a que se referirem e para os dois seguintes.

– *Resultado primário*: diferença entre receita e despesa, excluídos juros e o principal da dívida, pagos e recebidos. *Nominal* é a diferença de todas as receitas e despesas.

O Anexo deve conter também a "avaliação do cumprimento das metas relativas ao ano anterior" (art. 4º, § 2º, I). Outros requisitos, objetivando robustecer dados, a evolução do patrimônio, avaliações e demonstrações de estimativas estão previstos pelos incisos seguintes do dispositivo. Tudo levando em consideração as metas traçadas.

A LDO deve ter também um Anexo de Riscos Fiscais, que os preveja e determine os rumos a serem tomados caso se concretizem.

Por fim, a LDO deve conter "os objetivos das políticas monetária, creditícia e cambial, bem como os parâmetros e as projeções para seus principais agregados e variáveis, e ainda as metas de inflação, para o exercício subseqüente" (art. 4º, § 4º). Isso se aplica à União.

Se o Presidente não envia projeto de LDO, pode-se atualizar o previsto para o ano anterior, promulgando-o o Congresso. Não ocorrendo isso, cada despesa deverá ter autorização legislativa. Se o projeto for rejeitado ou não for devolvido, o Presidente pode promulgar o texto ou pode-se impedir o recesso parlamentar, para que o Congresso se manifeste. A rejeição pode provocar a necessidade de solicitação especifica de verbas adicionais a todo instante.

A modificação da lei é muito difícil, ou mesmo impossível.

Exceção ao princípio da não-vinculação orçamentária: ações e princípios públicos de saúde. Criou-se um Fundo de Saúde, tudo isto decorrente do art. 77 do ADCT.

6.28 – O ORÇAMENTO ANUAL (FISCAL, DE INVESTIMENTO E DA SEGURIDADE SOCIAL)

Compreende o orçamento *fiscal* (receita e despesa), segundo o art. 165, § 5º, I da CF.

Conterá o orçamento de todas as entidades que detenham ou recebam dinheiro público, também o orçamento de *investimento* das empresas de maioria de capital social da União. Isso garante controle das empresas, ajuda na orientação dos recursos. Conterá ainda o orçamento da *seguridade social*, isto é, sobre os campos de atuação do Estado na saúde, previdência e assistência social.

Os prazos para o encaminhamento de projetos não estão ainda definidos, na ausência de lei complementar. Por isso, segue-se o prazo de até 30 de agosto, segundo o ADCT.

O projeto encaminhado ao Congresso deverá ter um anexo que demonstre a compatibilidade da programação dos orçamentos com os objetivos e metas constantes do documento (Anexo de Metas Fiscais). A lei orçamentária anual deve ser compatível com a LDO. No anexo deve-se prever a compensação entre arrecadação e renúncia de receita.

Reserva de contingência: ajuda a garantir pagamentos imprevistos.

O § 2º do art. 5º da LC 101/2000 define que deve constar da lei orçamentária anual e das leis de crédito adicional o refinanciamento da dívida. Créditos adicionais: a) crédito suplementar, para reforço; b) o especial, para as despesas sem dotação específica e c) o extraordinário, para atendimento de despesas urgentes e imprevisíveis.

A lei veda qualquer previsão de "crédito com finalidade imprecisa ou com dotação ilimitada" (§ 4º); não pode haver previsão de investimento com duração superior a um exercício financeiro; as despesas do Banco Central devem integrar o projeto, assim como suas operações devem ser demonstradas trimestralmente, de acordo com a LDO; o Banco Central deve ser fiscalizado, no exercício de sua atividade financeira.

Quanto à alteração da lei orçamentária anual, pode ela ser modificada pontualmente. Não pode, contudo, ser substituída, já que, com sua fluência inicial, já produziu efeitos.

6.29 – A LEI COMPLEMENTAR FINANCEIRA

Regulada no art. 165, § 9º, I da CF. Para plena eficácia dos dispositivos orçamentários, impõe-se a existência de uma lei complementar que disporá sobre a matéria prevista nos três orçamentos e nas respectivas leis. A lei deve ainda estabelecer normas quanto à gestão direta e indireta, bem como as condições para a instituição e financiamento de fundos. (inciso segundo do mesmo artigo)

6.30 – A TRAMITAÇÃO LEGISLATIVA

6.30.1 – Iniciativa

O poder de iniciativa é do Presidente da República, que envia os projetos. O Judiciário encaminha também uma proposta orçamentária com seus interesses. A competência para iniciar tais projetos não chega à iniciativa popular. Não se pode, contudo, afastar a possibilidade de manifestação da população para aprovação.

Veda-se o uso de medidas provisórias no que tange ao processo orçamentário. A exceção são despesas urgentes e imprevisíveis.

O projeto, unificado, chega ao Legislativo para discussão. Se o Congresso não recebe proposta, seja qual for o motivo, considera a Lei de Orçamento vigente (art. 32 da Lei 4320/64).

Importante ocorrer a atualização por índices oficiais.

6.30.2 – Mensagem aditiva

Se o Presidente quiser alterar algo na proposta, pode enviar solicitação ao Congresso, desde que a parte referente à solicitação não tenha ainda sido votada.

6.30.3 – Comissão mista

A apreciação do projeto é feita por comissão mista de senadores e deputados. Essa comissão examina e emite parecer sobre os projetos e contas apresentadas.

Também deve avaliar planos e programas nacionais, regionais e setoriais previstos pela CF, fazendo o acompanhamento e fiscalização orçamentária.

Ao Plenário cabe apenas votar o que estiver no relatório ou substitutivo apresentado.

6.30.4 – Emendas

A Comissão mista emite parecer sobre propostas de emenda. Contudo, a palavra final é do Plenário. Podem ser propostas emendas mesmo por aqueles sem poder de iniciativa, para apreciação do Legislativo. O § 3º do art. 166 determina as exigências para aprovação de emendas: por exemplo, compatibilidade com o PPA e a LDO, indicação de onde provirão os recursos para efetivação da proposta, não pode haver emenda que objetive aumentar a despesa, são necessárias as previsões para as transferências que se efetuarão.

As emendas podem ser meramente formais: por exemplo, para correções e alterações nos dispositivos. Se após a aprovação de alterações no projeto houver recursos sem destinação especifica, devem ter eles utilização, como créditos especiais ou suplementares, dependendo da autorização legislativa.

6.30.5 – A não devolução do projeto no prazo ou sua rejeição total ou parcial

A lei orçamentária é *temporária*. Por isso, findo o seu prazo de duração, cessa sua eficácia. Para a prorrogação, impõe-se nova lei. Contudo, o STF equiparou a situação de falta de devolução à rejeição total. Para a nova CF, se ocorre a rejeição, a Administração fica sem orçamento, pois não pode ser aprovado outro.

A solução, para o prof. Regis, é subsistir a lei anterior, efetuando-se depois adaptações necessárias, com as autorizações do Legislativo. Se a rejeição for parcial, resolve-se como nas demais leis, mediante veto ou rejeição do veto, com posterior promulgação.

6.30.6 – Vedações orçamentárias

Segundo o art. 167, I da CF, não podem ser iniciados programas ou projetos não incluídos na lei orçamentária anual. Ou seja, deve-se seguir o orçamento aprovado. O agente público também tem limite de gastos, não podendo ultrapassar os recursos disponíveis (inciso II), tampouco pode haver empréstimos excedentes sem autorização do Legislativo (III).

O inciso IV determina as proibições à vinculação da receita do imposto: nenhum imposto pode esvaziar seu conteúdo com destinação específica. A vinculação só pode ocorrer se tratando de taxas e contribuições de melhoria, empréstimos fiscais e contribuições para-fiscais com destinação específica.

Também não se permite a abertura de crédito suplementar ou especial sem autorização legislativa e indicação dos recursos (inciso V). Sem a autorização legislativa, também não pode haver transposição, remanejamento ou transferência de recursos entre órgãos ou categorias de programação (inciso VI): o orçamento deve ser cumprido.

O inciso VII proíbe a concessão ou utilização de créditos ilimitados, para manter o equilíbrio do orçamento. Em seguida, o inciso VIII impede a utilização de recursos, por exemplo, para cobrir déficit de empresas, fundações e fundos, sem autorização legislativa *específica*. Já no inciso IX veda a instituição de fundos sem a autorização legislativa. A transferência voluntária de recursos e a concessão de empréstimos para pagamento das despesas com pessoal ativo também é vedada, nos termos do inciso X.

Por fim, o inciso XI veda o uso de contribuições sociais do empregador (salários, receita ou faturamento e lucro do trabalhador) para outra finalidade que não o pagamento dos benefícios ao próprio trabalhador sujeito ao regime geral da providência, previsto no art. 201 da CF.

No § 1º, dispõe-se que obra planejada que dure mais de um ano para sua execução, deve ser prevista no PPA ou autorizada pelo Legislativo, sob pena de crime de responsabilidade. O § 2º determina que créditos especiais e extraordinários somente poderão se estender para o exercício seguinte com prévia autorização, pelo menos quatro meses antes do término do exercício corrente. Já o § 3º estabelece que podem ser feitas medidas provisórias quando a abertura de crédito extraordinário servir para atender necessidades urgentes ou imprevisíveis. Logicamente, devem passar em seguida pelo Legislativo para apreciação.

6.30.7 – Recursos dos três Poderes

Segundo o art. 168 da CF, os recursos para os órgãos dos três Poderes deverão ser entregues até o dia 20 de cada mês, em duodécimos. Isso foi disciplinado pela LC 101/2000. Se o Executivo não repassar as verbas, estará realizando exercício irregular de poder, o que possibilita o ingresso do órgão em juízo para obter os recursos. O Executivo não pode reter a verba.

6.30.8 – Despesa com pessoal

De acordo com o art. 169 da CF. A despesa com pessoal não pode ultrapassar os limites definidos pela LC 101/2000. Segundo o § 1º, aumento de remuneração, criação de cargos, entre outros, somente podem ser feitos se houver prévia dotação orçamentária suficiente e autorização específica na LDO, ressalvadas as empresas públicas e sociedades de economia mista.

6.30.9 – O orçamento e o tributo nele não previsto

Mesmo que os tributos já estejam instituídos, podem ser feitas alterações para incluir outros. Deve apenas existir lei prévia e o novo tributo deve ser cobrado no exercício seguinte.

6.30.10 – Norma constitucional transitória

Aplica-se o § 2º do art. 35 do ADCT à falta de norma legal disciplinando o processamento, vigência e encerramento do exercício financeiro. A norma transitória estabeleceu prazos para vigência das disposições legais relativas ao orçamento, enquanto não sobrevier lei complementar.

6.30.11 – Desvinculação da receita da União. A liberdade outorgada por lei, ao Chefe do Executivo

Vinte por cento da arrecadação da União de impostos, contribuições sociais e de intervenção no domínio econômico é desvinculado de órgão, fundo ou despesa, até o fim do ano de 2011. Nesse caso, o Poder Legislativo abriu mão de decidir sobre gastos públicos, restringindo sua competência a 80% das receitas.

Não há qualquer finalidade especificada para esses recursos desvinculados. Isso não é bem visto pelo prof. Regis, tendo em vista o todo constitucional. Devia haver uma menor margem de discricionariedade para o Chefe do Executivo.

6.30.12 – O orçamento participativo

É uma iniciativa que a) busca a decisão descentralizada; b) cria conselhos populares, o que enseja opinião pública independente; c) desloca a atenção do cidadão para os problemas locais; d) gera consciência de participação; e) evidencia dois focos de democracia: voto e participação; f) cria condições para aprovação do orçamento e desperta a participação; g) enseja processo aberto de discussão; h) precisa de auto-regulação interna.

A participação popular baseia-se no inciso XII do art. 29 da CF. Além disso, os dispositivos sobre a competência dos Municípios para atender aos interesses locais. Deve haver critérios seguros para que a opinião pública não seja manipulada por conflitos políticos, propinas. Ainda, deve-se conseguir controlar os gastos públicos. A sociedade deve fiscalizá-los.

Aquilo que for captado como real necessidade no orçamento participativo não pode ser desprezado pelo governante – deve ser incluído no orçamento e cumprido.

6.31 – PROBLEMAS E DIVERGÊNCIAS DOUTRINÁRIAS A RESPEITO DO ORÇAMENTO

6.31.1 – Orçamento de competência e de caixa e os resíduos passivos

Balanço de competência compreende todos os ingressos e saídas comprometidas durante o ano. Balanço de caixa refere-se ao período em que se realizam entradas e saídas. O primeiro independe do período de tempo. No segundo há limitação temporal. O *ano* tem aspecto temporal, prazo de doze meses; o *exercício* é a satisfação de todos os interesses positivos e negativos do ano. No Brasil, confundem-se.

Resíduos passivos compreendem o que não foi pago durante o exercício. Por exemplo, o não pagamento de dívidas de precatórios não pagas.

6.31.2 – Cobrança de tributos não previstos na lei orçamentária anual

Se o redator do projeto de lei se esquece de alocar um recurso tributário previsto por lei anterior, considera-se que pode o tributo ser exigido.

6.31.3 – Alteração da lei orçamentária no curso do exercício

O PPA pode ser alterado a qualquer momento, mesmo porque dura quatro anos, e as circunstâncias mudam. Também a LDO. Contudo, não a lei orçamentária anual, que somente pode ser modificada mediante créditos adicionais. Logo, seu texto não pode ser alterado.

6.31.4 – Iniciativa popular

Não parece possível a permissão de alterar a lei orçamentária por iniciativa popular. Tal poder de iniciativa não está previsto na constituição. Tampouco poderia ser objeto de plebiscito ou referendo. Pode haver consulta ao povo sobre alguma iniciativa, mas não a toda a proposta.

6.31.5 – Orçamento base zero

Cada unidade deve zerar a receita em relação à despesa programada.
Solução que vem sendo apontada é o orçamento funcional. Far-se-ia previsão global em favor dos servidores encarregados de serviços estatais. A matéria é de opção política ou contábil.
Os EUA instituíram o *planning-programming budgeting system* (PPBS). O orçamento passa a ser considerado como instrumento de controle de execução.
A atividade administrativa é considerada por programas; efetua seleções estratégicas; estuda a continuidade do processo de decisão e analisa as medidas das realizações. Busca-se a otimização das despesas públicas. É apenas uma técnica de aplicação do orçamento.

6.32 – A LEI 4.320/64 (LEI GERAL DE ORÇAMENTO)

- A lei 4.320/64 estabelece normas gerais de direito financeiro para elaboração e controle dos orçamentos e balanços, de cumprimento obrigatório, para Estados, Municípios e Distrito Federal.
- Determina que o orçamento deve evidenciar a política econômico--financeira e o programa de trabalho do Governo(art 2°).

Definições de RECEITA:
- **Receita derivada**: tributo que é destinado ao custeio de atividades gerais ou específicas, podem ser *correntes ou de capital.*(art 9°)

Corrente:
 a – tributos, alcançando as contribuições;
 b – patrimoniais (agropecuária, industrial, serviços e financeiros, recebidos de outras pessoas de d. público ou privado, quando destinadas a atender despesas correntes).

Capital:
 a – dívidas;
 b – conversão, em espécie, de bens e direito;
 c – recursos transferidos de outras pessoas de d.público ou privado, destinados a atender despesas de tal ordem.

- **Receita tributária:** resulta do poder impositivo.
- **Receita patrimonial:** advêm da fruição do patrimônio, tal como em estradas, zona azul, zonas portuárias e aeroportuárias, venda de plantas, árvores,
- **Receitas transferidas:** são encaminhadas por outras entidades, tais como os tributos transferidos de minerais, energia elétrica, etc.
- A realização da receita depende de prévia autorização e lançamento, mediante recibo.

Definição de DESPESA: representam as saídas de recursos públicos. (art. 12)
- **Despesas correntes:**
Custeio: dotações para a manutenção de serviços existentes e as "destinadas a atender a obras de conservação e adaptação de bens

imóveis",(§1°, art .12) pagamento de pessoal, material de consumo e despesas do exercício anterior.

Transferências correntes: passagem de recursos de uma para outra pessoa jurídica. São os Fundos de Participação de Estados e Municípios. Também se incluem os encargos da dívida, juros, correção monetária, juros da dívida contratada, juros do tesouro e condenações judiciais.

- **Despesas de capital:**

Investimentos: recursos para o financiamento de obras, aquisição de imóveis, programas especiais de trabalho, equipamentos. (§4°, art. 12).

Inversões financeiras: aquisição de imóveis, títulos de empresas, operações bancárias ou de seguros (incisos I a III, § 5°, art. 12). Englobados títulos de crédito, empréstimos, etc.

Transferências de capital: investimentos ou inversões outras pessoas de d. público ou privado devam realizar, independentemente de contraprestação direta de bens e serviços. (§ 6°, art. 12) Aqui se localizm as contribições para Fundos, transferências na partilha da receita, amortização da dívida, resgate de títulos, etc.

- Há expressa vedação legal de ajuda financeira a empresa de fins lucrativos, salvo autorização em lei especial (art. 19). (Caso o desemprego seja nocivo ao país).
- Consuma-se a despesa em três fases:

1. Empenho: "ato emanado de autoridade competente que cria para o Estado obrigação de pagamento pendente ou não de implemento de obrigação (art. 58). Materializa-se com a emissão de um documento que identifica quem se deve pagar e quanto se paga. Não cria obrigação jurídica de pagar. A LRF impõem limites ao empenho. Não pode exceder o crédito previsto.

(Não se confundem *empenho* e *nota de empenho*. *Empenho* é a previsão para pagamento do débito, constituindo-se garantia do credor no recebimento. *Nota de empenho* é o documento que representa tal autorização de pagamento.

2. Liquidação: consiste na verificação do direito do credor, tendo por base títulos e documentos comprobatórios do crédito. (art. 63).

3. Pagamento: despacho exarado por autoridade competente, detreminando que a despesa seja paga (art. 64). A LRF considera ato de suma importância, pois identifica o ordenador de despesas.
- A proposta orçamentária é composta por uma mensagem, que contém a situação econômica, demonstração da dívida fundada e flutuante, salvos, restos a pagar e outros compromissos financeiros (art. 22, I)
- O projeto de plano plurianual será mais amplo e genérico, contendo receitas e despesas de capital.(art.23)
- O exercício financeiro coincide com o ano civil (art. 34) e integram-no as receitas nele arrecadadas e as despesas nele legalmente empenhadas (art. 35).
- Dívida ativa é o crédito, tributário ou não, escriturado como receita, esgotado o prazo para o pagamento, e inscrito na forma da lei, pode ser:
1. Tributária: é o crédito da Fazenda Pública proveniente de obrigação legal relativa a tributos e respectivos adicionais e multas (primeira parte do § 2° do art. 39)
2. Não tributária: são os demais créditos (parte final do § 2° do art. 39).
- O crédito deve ser inscrito. Inscrição é ato de controle de legalidade, que apura a liquidez e certeza do crédito. É presunção *ius tantum*, admite prova contrária.
- O Tribunal de Contas decide sobre a prestação de contas e fiscaliza. Os atos que emana tem eficácia de títulos executivos.
- Todos os créditos de autarquias gozam de presunção de liquidez e certeza.
- O Estado não pode *terceirizar* a função de cobranças dos créditos, ou seja, por ser uma competência indelegável, somente o Estado pode realizar a cobrança do devedor. Apenas o agente público pode constitui o crédito tributário.
- Uma vez inscrito o crédito tributário n dívida ativa, adquire ele eficácia executiva e , pois, se trata de mera execução judicial.
- A atividade de constituição do crédito nada tem a ver com sua cobrança, tendo ele sido instituído.
- Definição de CRÉDITO: dotação orçamentária incluída na lei orçamentária para atender a qualquer despesa.

- Caso não seja suficiente a previsão orçamentária ou não haja previsão, nasce a necessidade de obter autorização de crédito adicional, que subdivide-se em:
  Crédito suplementar: reforço da dotação orçamentária (art 41, I)
  Crédito especial: destina-se a despesas para as quais não haja dotação orçamentária (art 41, II)
  Crédito extraordinário: destinado a despesas urgentes e imprevistas(art 41, III)
- Toda abertura de crédito depende de lei e é aberto por decreto.
- Não há possibilidade de se abrir crédito ilimitado (art. 167, VII, CF)
- O recurso destinado a um certo investimento público não pode ser transposto para outra finalidade, segundo a CF, art. 167
- A lei orçamentária deve ser executada tal como aprovada.Sabidamente, todos os gastos públicos dependem de autorização legislativa, não podendo o Executivo ou o Judiciário alterar a proposta orçamentária, sem prévia concordância do Legislativo. Logo, qualquer alteração, remanejamento ou transferência de recursos para outra destinação, depende de autorização legislativa.
- O controle da execução orçamentária compreende a verificação da legalidade dos atos que resultem tanto na arrecadação como na realização da despesa.
- Esse controle, no caso da União, é feito pelo Congresso Nacional, art 70, CF. Com o auxílio do Tribunal de Contas (art. 71 a 75, CF).
- O controle pode ser de mérito de legalidade
- **Controle de mérito:** exame de oportunidade e conveniência da Administração Pública na prática do ato.
- **Controle de legalidade:** examinar a compatibilidade entre normas, o ato inferior deve buscar respaldo no ato superior
- O ato ilegal pode ser anulado; o válido, revogado, se inconveniente ou inoportuno.
- É dever dos responsáveis informar o TCU sob qualquer irregularidade, sob pena de responsabilidade solidária (art. 74, §1, CF).
- Todos aqueles que lidam com recursos públicos são obrigados a prestar contas. (art. 70, CF)

- Quando a pessoa deixa de prestar contas por livre vontade, pode o órgão competente *tomar contas*, ou seja, exigir a prestação ou realizar, por sua conta, seu exame.

O Poder Executivo, anualmente, prestará contas ao Poder Legislativo (art.71, CF)

6.33 – FISCALIZAÇÃO FINANCEIRA E ORÇAMENTÁRIA

Trata do tema de controle dos gastos públicos (art. 70 a 75 da CF)

> *Art. 70: A fiscalização contábil, financeira, orçamentária, operacional e patrimonial da União e das entidades da administração direta e indireta, quanto à legalidade, legitimidade, economicidade, aplicação das subvenções e renúncia das receitas, será exercida pelo Congresso Nacional, mediante controle externo, e pelo sistema de controle interno de cada Poder.*
>
> *Parágrafo único: prestará contas qualquer pessoa física ou jurídica, pública ou privada, que utilize, arrecade, guarde, gerencie ou administre dinheiros, bens e valores públicos ou pelos os quais a União responda, ou que, em nome desta, assuma obrigações de natureza pecuniária.*

Fiscalização contábil: contabilidade é a técnica que instrumentaliza o controle sistemático das verbas arrecadadas e despendidas.

Fiscalização operacional: diz respeito aos meios legais de liberação de verbas ou de sua arrecadação, em que a operacionalidade significa que deve haver rigoroso controle sobre as formas de procedimento da despesa.

Fiscalização patrimonial: diz respeito à própria execução do orçamento, em que as alterações patrimoniais devem ser fiscalizadas pelas autoridades públicas em benefício da preservação dos bens que compõem o patrimônio público.

Fiscalização financeira: diz respeito ao ingresso e à saída de dinheiro.

Fiscalização orçamentária: diz respeito à correta aplicação da lei orçamentária, ou seja, as verbas só podem ter a destinação prevista em lei especial.

Legalidade: diz respeito à verificação da obediência aos requisitos necessários para que pudesse ter ocorrido a despesa, bem como da previsão para que ela pudesse realizar-se.

Legitimidade: diz respeito não à obediência formal do preceito superior, mas ao real atendimento das necessidades públicas, efetuando-se o contraste da norma com as finalidades encampadas no sistema financeiro, examinando-se eventual desvio de poder.

Economicidade: diz respeito à obtenção da melhor proposta para a efetuação da despesa pública, ou seja, análise do custo-benefício do dispêndio.

Subvenções: diz respeito aos auxílios que o Poder Público concede a entidades públicas ou privadas sem finalidade lucrativa, para ajudá-las na consecução de finalidades tidas como relevantes ou de interesse público pelo Estado. Deve haver fiscalização da destinação das verbas públicas atribuídas no orçamento a tais entidades.

Cabe ao Poder Legislativo (Congresso) controlar as receitas e despesas públicas, sem prejuízo do controle interno, cabendo ao Judiciário somente fazer o controle mediante análise da legalidade dos atos praticados.

6.33.1 – Controle interno

O controle interno é de competência dos três poderes, em que cada um deve manter um sistema de controle individual, de acordo com suas características próprias, e, ao mesmo tempo, integrar o sistema com o dos outros órgãos, de maneira coordenada e uniformizada.

O controle interno será prévio, concomitante e subseqüente em relação à legalidade dos atos praticados (art. 77 da Lei 4.320/64). O controle pode ser de *legalidade*, em que o ato será anulado pelo agente hierarquicamente superior ou pelo próprio agente editor do ato, ou de *mérito*, em que se apura e afere a legitimidade, a conveniência ou a oportunidade da despesa (Súmula 473 do STF).

Segundo o art. 74 da CF, §1º, os responsáveis pelo controle, "ao tomarem conhecimento de qualquer irregularidade ou ilegalidade, dela darão ciência ao Tribunal de Contas da União, sob pena de responsabilidade solidária".

Já no § 2º, dá legitimidade para qualquer cidadão, partido político, associação ou sindicato denunciar tais irregularidades ou ilegalidades ao TCU.

6.33.2 – Controle externo

Exercido pelo Poder Legislativo, com auxílio do Tribunal de Contas (art. 71)

6.34 – RESPONSABILIDADE FISCAL

6.34.1 – Parâmetros gerais

A Lei Complementar 101/2000 – Lei de Responsabilidade Fiscal – foi feita dentro de um "pacote" de transações financeiras do FMI com o Brasil, tendo aquele exigido deste a aprovação de um texto normativo que desse visibilidade às contas públicas.

Assim, o objetivo primeiro da LRF é dar visibilidade às contas públicas, fixando, para tanto, responsabilidade fiscal como um dos princípios da gestão pública de forma a impedir que os agentes públicos utilizassem as verbas de maneira indolente.

6.34.2 – A federação brasileira e as normas gerais do direito financeiro

A União é fruto de pacto político por meio do qual os Estados cedem parte de sua soberania para ser administrada por ela, que tem representação internacional. Assim, parte-se do pressuposto que há uma repartição de competências entre as unidades federadas.

O problema que aponta o autor é o falso federalismo brasileiro, pois há clara concentração de poder na União em detrimento dos Estados-membros e Municípios, seja pelo excesso de concentração de recursos da União, fazendo com que Estado e Municípios fiquem dependentes de recursos transferidos, seja pela desproporcionalidade na representação política.

Com isso, para que haja qualquer reforma tributária eficaz, deve-se, primeiro, reformar o nosso atual modelo de Federação, calculando-se o quanto cada ente federativo necessita para a sua subsistência, independentemente dos recursos dos demais.

Receita corrente líquida: soma das receitas públicas, excetuadas as transferidas e a contribuição dos servidores para custeio do sistema de previdência e assistência social.

6.34.3 – Lei de Diretrizes Orçamentárias

No Brasil, a **Lei de Diretrizes Orçamentárias** – LDO - tem como principal finalidade orientar a elaboração dos orçamentos fiscal e da seguridade social e de investimento do Poder Público, incluindo os poderes Executivo, Legislativo, Judiciário e as empresas públicas e autarquias. Busca sintonizar a Lei Orçamentária Anual – LOA com as diretrizes, objetivos e metas da administração pública, estabelecidas no Plano Plurianual (PPA). De acordo com o parágrafo 2º do art. 165 da Constituição Federal, a LDO:

- compreenderá as metas e prioridades da administração pública, incluindo as despesas de capital para o exercício financeiro subseqüente;
- orientará a elaboração da LOA;
- disporá sobre as alterações na legislação tributária; e
- estabelecerá a política de aplicação das agências financeiras oficiais de fomento.

A Constituição não admite a rejeição do projeto de lei de diretrizes orçamentárias, porque declara, expressamente, que a sessão legislativa não será interrompida sem a aprovação do projeto de lei de diretrizes orçamentárias (art. 57, § 2º.).

Obs.: a definição acima, por falta de uma melhor no livro, foi retirada da internet.

A LRF alterou as exigências do disposto no § 2º do art. 165, exigindo do administrador que a LDO, ao lado de estabelecer metas e prioridades, oriente a lei orçamentária anual, dispondo sobre políticas de aplicação das agências financeiras oficiais de fomento e que tenha "equilíbrio entre receitas e despesas" (art. 4º, inc. I, *a* da LRF).

A Lei 10.257/01 – Estatuto da Cidade – criou como requisito de validade a obrigatoriedade de audiências públicas e consultas populares para a aprovação da LDO e do orçamento anual.

A LDO também deve dispor sobre a limitação do "empenho", ou seja, dos gastos de despesa comprometida, como, por ex., a obrigação de pagamento dos funcionários públicos. O que se propõe não é que não se realize a operação financeira, mas que se limite a possibilidade de vinculação pecuniária.

Reserva de contingência: "congelamento" de dotação (valor de custos de pagamentos dos funcionários públicos) e recursos fixados no orçamento para atender às necessidades de determinado órgão, fundo ou despesa.

Deve o projeto de LDO ser acompanhada pelo Anexo de Metas Fiscais e pelo Anexo de Riscos Fiscais. O primeiro deve fixar as receitas e despesas relativos a três exercícios, o presente e os dois subseqüentes. O segundo diz respeito a projeções e avaliações futuras de riscos capazes de afetar as contas públicas, informando as providências a serem tomadas no caso de concretização.

Por último, a LDO da União deverá conter "os objetivos das políticas monetárias, creditícia e cambial, bem como os parâmetros e as projeções para seus principais agregados e variáveis, e ainda as metas de inflação para o exercício subseqüente".

6.34.4 – Pode o Judiciário determinar a realização de obras ou serviços?

Segundo o autor, e valendo-se de julgado do STJ, diz que não pode o Judiciário obrigar a Administração Pública a praticar atos físicos de administração, somente a atividades jurídicas. Por outro lado, afirma que o descumprimento de direitos fundamentais não pode ser tolerado pelo Judiciário.

Não pode o Judiciário interferir desmedidamente na atuação da Administração Pública na medida do rombo feito no orçamento. Este, por sua vez, é constituído de previsões de gastos com políticas públicas, segundo interesses estratégicos do Executivo. Nesse sentido, tem-se, de um lado, uma Constituição dirigente que elenca direitos sociais fundamentais segundo uma atuação positiva do Estado como condição de eficácia, e, por outro lado, tem-se recursos escassos e limitados para o cumprimento desses direitos.

Assim, quando o Judiciário, a pretexto de tornar a Constituição eficaz, obriga indiscriminadamente a Administração ao cumprimento dos mesmos, está deslocando recursos escassos que seriam destinados a outros setores de política pública, causando um grande desequilíbrio de investimentos estratégicos.

Portanto, o que se deve analisar é que o cumprimento da Constituição (ou sua plena eficácia) está restrita ao desenvolvimento da conjunta sócio-econômica da sociedade, e, até se chegar nesse ponto, deve ser observado os princípios da reserva do financeiramente possível e o mínimo existencial que deve ser garantido pela Administração Pública.

6.34.5 – Prazos de encaminhamento dos projetos de lei orçamentária

Constam no art. 35, § 2º do ADCT, fixando-se o seguinte:
No primeiro exercício da legislatura não há encaminhamento do PPA da LDO, nem da LOA, pois para o primeiro exercício do mandato prevalece o PPA do governo anterior.

De resto, temos:

a) O projeto de LDO deve ser encaminhado ao Congresso até 15 de abril e devolvido até 30 de junho (término do primeiro período da sessão legislativa).
b) O projeto de LOA deve ser encaminhada até 30 de agosto e devolvido para sanção até o encerramento da sessão legislativa (deve ser em dezembro, não está escrito quando!)

Requisitos da LDO: artigo 5º da LRF.

6.34.6 – Cumprimento de metas

Art. 8º: estabelece que a programação financeira deve ser mensal, tendo o parágrafo único sido taxativo no sentido de que os recursos vinculados a uma finalidade específica serão utilizados exclusivamente para atender não objeto de sua vinculação, ainda que em exercício diverso daquele em que ocorrer o ingresso. Em outras palavras, tem caráter vinculativo o estabelecido na LDO, podendo os Poderes e o MP promover limitações de empenho e movimentação financeira segundo critérios da própria LDO.

O que a norma está determinando é que, no caso de desvio do cumprimento das metas, haja redução daquilo que puder ser evitado ou assunção de novos compromissos que possam comprometer as metas e, nesses casos, deve haver o contingenciamento de parte das verbas.

Não obstante a todas essas restrições, não se pode deixar de pagar a dívida com o FMI, lembrando-se que a LRF foi criada num contexto de negociações financeiras com essa instituição mundial, colocando-se maior defesa dos interesses dos credores em detrimento aos interesses do próprio povo brasileiro. Por motivos óbvios.

Quando houver desrespeito às metas, e os PL, PJ e MP não efetuarem o contingenciamento, o Poder Executivo deverá fazê-los segundo os critérios da LDO. O STF declarou esse dispositivo como inconstitucional segundo a idéia de vedação de interferência entre poderes. Segundo o autor, não há interferência indevida quando se dá sobre algo indevido. O estranho é que ele defende uma lógica ora completamente formalista, ora não...

O art. 10º determina que, na execução orçamentária e financeira, sejam identificados os beneficiários do pagamento de sentenças judiciais, para que se cumpra a observância da ordem cronológica no pagamento dos precatórios.

O art. 11 determina que o Poder Público deva instituir, prever e arrecadar todos os tributos de competência constitucional do ente da Federação. Discute-se a constitucionalidade de tal dispositivo, contudo, afirma o autor que não é inconstitucional porque, uma vez instituídos os tributos, é dever do gestor recolhê-los e aplicá-los. O preceito faz menção a uma gestão fiscal e não à imposição tributária.

Isso porque, pode ocorrer que um determinado Município, por comodidade ou excesso de arrecadação, deixe de instituir tributos que lhe competem, não estabelecendo, por lei, a cobrança de, por ex., do IPTU. Se isso ocorrer, o art. 11 veda a "realização de transferências voluntárias para o ente que não observe o disposto no caput, no que se refere aos impostos".

Transferência voluntária: repasse de recursos entre níveis de governo que não há imposição constitucional ou legal, ocorrendo como mera cooperação, auxílio ou assistência. Ex: Estado remete recursos a determinado Município para que este realize evento cultural.

Transferência obrigatória: prevista constitucionalmente ou em leis. Ex: IPTU.

§ 1º – versa sobre as possibilidades de retificação de algum erro material.

§ 2º – veda a possibilidade de receitas de operações de crédito serem superiores às despesas de capital constantes do projeto de lei orçamentária.

§ 3º – obrigatoriedade do Executivo disponibilizar aos demais Poderes e ao MP, no mínimo 30 dias antes das propostas orçamentárias de cada um destes, "os estudos e estimativas das receitas para o exercício subseqüente, inclusive da corrente líquida, e as respectivas memórias de cálculo. Esses dados têm que ficar disponíveis para que os demais poderes possam formular suas propostas com base em dados concretos.

6.34.7 – Renúncia de receita

Discute-se a possibilidade de um ente federativo renunciar a uma receita. Diz o autor que é possível, pois a natureza da renúncia não é estritamente tributária, mas sim uma norma pré-jurídica, que antecede o nascimento da obrigação tributária, sendo, portanto, plenamente constitucional.

Para tanto, só há duas possibilidades de se efetuar a renúncia:

a) Mediante compensação de forma a manter a realização das metas da LDO e que irá executar no âmbito da Lei orçamentária anual, ou
b) Mediante elaboração de estudo de impacto financeiro.

No primeiro caso, pode-se compensar criando-se novos tributos, ou elevando os já existentes. No segundo caso, mediante demonstração de mapas estatísticas, dados concretos, de maneira a comprovar que tal renúncia levará a um retorno renúncia-entrada de recursos futuros, conforme a criação de empregos e etc.

A renúncia de receita compreende:

a) Anistia: perdão da penalidade imposta ao contribuinte
b) Remissão: perdão da dívida ou renúncia ao recebimento
c) Subsídio: forma de auxílio que se outorga a alguém para a prática de algum ato social
d) Crédito presumido: estimativa fixada pelo Poder Público em benefício de alguém, que fica dispensado de comprovação
e) Concessão de isenção: dispensa de pagamento do tributo por força de lei

6.34.8 – Geração da despesa

Art. 16 e seu inc. I:

> "toda criação, expansão ou aperfeiçoamento de ação governamental que acarrete aumento da despesa será acompanhado de estimativa do impacto orçamentário-financeiro no exercício em que deva entrar em vigor e nos dois subseqüentes".

Essa exigência de estimativa do impacto deve vir acompanhada de "declaração do ordenador da despesa de que o aumento tem adequação orçamentária e financeira com a lei orçamentária anual e compatibilidade com o PPA e com a LDO (inc. II). Assim, a despesa só é possível se "couber" dentro do orçamento.

6.34.9 – Despesa com pessoal

Segundo o Art. 18, entende-se como despesa total com pessoal: o somatório dos gastos do ente da Federação com os ativos, os inativos e os pensionistas, relativos a mandatos eletivos, cargos, funções ou empregos, civis, militares e de membros de Poder, com quaisquer espécies remuneratórias, tais como vencimentos e vantagens, fixas e variáveis, subsídios, proventos da aposentadoria, reformas e pensões, inclusive adicionais, gratificações, horas extras e vantagens pessoais de qualquer natureza, bem como encargos sociais e contribuições recolhidas pelo ente às entidades de previdência.

O autor levanta a polêmica da possibilidade de se terceirizar mão-de-obra. O texto apenas determina que, em havendo terceirização de mão-de-obra, os serviços que se referem à substituição de servidores e empregados públicos serão contabilizados como *outras despesas de pessoal*. Contudo, a contratação de serviços terceirizados é garantida infra e constitucionalmente.

Outro ponto polêmico é que no referido artigo, incluiu-se os gastos com inativos dentro da despesa com pessoal, enquanto no art. 169 da CF não está essa modalidade abrangida. Assim, diz o autor, que haverá casos de confusão de incidência da LRF, contudo, afirma que não cabe incluir os inativos por necessidade de interpretação da restrita da Constituição.

Também é polêmica a fixação e especificação dos percentuais a que os Estados e Municípios estão submetidos no art. 20, estabelecendo pormenorizadamente o percentual a ser gasto com despesa de pessoal. Embora o STF tenha declarado a sua constitucionalidade (6 votos contra 5), o autor afirma tratar-se de flagrante inconstitucionalidade pelos seguintes motivos:

a) Agressão ao princípio federativo: (art. 60, inc. I, § 4º da CF)
b) Descumprimento da revisão geral anual de despesas (art. 37, inc. X da CF)

Para a adaptação ao estabelecido, foram obrigados esses entes federativos a adaptarem-se no prazo de dois anos.

6.34.10 – Do controle da despesa total com pessoal

O art. 21 trata um dos casos de nulidade provocados por descumprimentos legais. No caso de não haver completa e absoluta compatibilidade entre a lei específica ou o orçamento anual com a LDO, a LRF estabelece sua nulidade absoluta de pleno direito.

A nulidade, em âmbito de Direito Público, não admite convalidação como ocorre na nulidade relativa do Direito Privado.

No caso de excesso na despesa com pessoal, deverá haver redução aos limites estabelecidos na lei nos dois quadrimestres seguintes, sendo pelo menos um terço no primeiro, podendo adotar-se a exoneração de funcionários públicos.

O autor sugere, na necessidade de corte de pessoal, a seguinte ordem:

a) Diminuição de despesas ou cortes com cargos de comissão e função de confiança
b) Diminuição de despesas ou exoneração de servidores não estáveis (são exonerados)
c) Diminuição de despesas ou exoneração de servidores estáveis (não podem ser exonerados propriamente, devendo ficar na "geladeira", até que possa ser alocado: princípio da vitaliciedade)

No caso de descumprimento disso, pode a União reter tanto as transferências voluntárias como os tributos transferidos. A grande discussão nesse ponto é que, como já visto, não poderia reter os tributos por serem transferências obrigatórias, contudo, como demonstra o próprio texto constitucional, no art. 169, § 2º, há essa possibilidade.

6.34.11 – Despesas com seguridade social: prevista no art. 24.

6.34.12 – Das transferências voluntárias

Como o tema já foi devidamente exaurido, não cabe maior explanações, devendo-se atentar-se para os requisitos contidos no art. 25 da LRF para que possa ocorrer a transferência voluntária de um ente federativo a outro.

Feitas entre os entes federados a título de cooperação, especialmente da União ou Estado aos Municípios.

- Não há necessidade de convênio (ela foi eliminada)
- Requisitos: dotação específica (não pode ser para o pagamento de pessoal, por exemplo); comprovação de estar o beneficiário em dia com tributos, empréstimos e financiamento disponibilizados pelo ente que o beneficia.
- As sanções de suspensão de transferência voluntária são independentes.

6.34.13 – Da destinação de recursos públicos para âmbito privado – art 26 da LRF.

- Requisitos por Hely Lopes Meirelles: subvenção ou auxílio financeiro devem estar legalmente expressos com o escopo de beneficiar atividades de interesse público.
- Entende o STF que: a simples previsão de despesa de auxílio não gera direito subjetivo a ser assegurado por via judicial, gerando apenas expectativa de direito. Isso devido ao fato de ser a lei orçamentária não uma lei no sentido usual do termo, mas uma lei que apenas ordena o sistema financeiro com base em leis pré-existentes.
- Enfim, a "mera previsibilidade de pagamento futuro" gera apenas expectativa de direito, embora seja possível uma indenização em casa de prova de serviço prestado em benefício do bem público – aqui cabe o ressarcimento, a verba.
- Art 28 LRF – moralizante: veda-se ajuda a instituições financeiras que devem suportar sozinhas o ônus da liquidação, devido ao risco que

assumiram em seu exercício. Elas serão auxiliadas apenas se prestarem serviço ao bem público.

6.34.14 – Dívida, Endividamento

- Oliveira Salazar: a dívida financeira deriva da administração financeira e tem o objetivo de satisfazer a dívida pública (que tem como fato gerador empréstimos públicos que são tomados voluntariamente = "assunção de débito voluntário")
- Dívida pública consolidada ou fundada: montante total de obrigações financeiras decorridas de tratado, contratos, convênios e leis (art 29 LRF) e da realização de operações de crédito (assunção, reconhecimento ou confissão de dívidas pelo ente da Federação e que pode ser saciada mediante levantamento de recursos (diretamente e em curto prazo) ou aquisição de bens e serviços para pagamento a médio ou longo prazo)
- Dívida fundada = dívida flutuante, a diferença entre as duas seria no pagamento da primeira em mais de 12 meses e o da segunda em menos, mas na LRF elas foram postas no mesmo parâmetro
- Dívida imobiliária: títulos federais omitidos (títulos da dívida pública).
- Art 30 parágrafo 7º: precatórios não pagos durante a execução do orçamento ao que foram incluídos tornam-se dívida fundada.
- Art 29 III – consta casos de equiparação com operação de crédito, mas, trata-se da operação de crédito propriamente dita, efetiva.
- Concessão de garantia: compromisso de adimplência de refinanciamento da dívida mobiliária (art 29 IV e V) = substituição da dívida através da emissão de títulos.
- Limites da dívida pública e das operações de crédito: art 52, Resoluções do Senado 40 e 43 ambas do ano de 2001.
- Resolução 20 de 2003: Estado, DF e Municípios devem ajustar-se aos limites fixados no parágrafo 3º ou trajetória de redução de dívida presente no art 4 da resolução 40/2001.
- Cabe ao Presidente da República encaminhar projeto de lei que estabeleça limites para montante da dívida mobiliária federal.

- O Senado federal que autoriza a emissão de títulos e sua circulação (art 48 XIV LRF)
- Art 30 LRF, em caso de mudança de contexto (político, econômico) pode o Presidente, visando o interesse público, propor alterações nos limites da dívida.

6.34.15 – Da recondução da dívida aos limites – art 31 LRF

- Art 54 – verificação quadrimestral (se dívida anda delimitada adequadamente)
- Das operações de crédito – art 32
- O TCU pune quem agir sem orientação e, por isso, se faz necessário o preparo de pareceres que, mesmo sem caráter vinculativo, impossibilitam sanção.
- Lei impede compensação automática de crédito e débito nas operações de crédito externo (possível ausência de liquidez)
- Art 33 – possível nulidade
- Ver também: Art 23 parágrafo 3º
- Publicidade – art 37
- Ver ainda: art 163 III CF e contrapô-la ao art 32 parágrafo 3º

Das vedações e operações:
- Art 35 – não pode haver operação de crédito entre entes federado – mas e autonomia? A capacidade de uma Pessoa Jurídica do Direito Público de vincular-se contratualmente?
- Ver art 36
- Arts 35 e 36 LRF X art 165 parágrafo 9º II CF (gestão)
- art 37 LRF X art150 CF – imposto de fato gerador incerto

6.34.16 – Antecipação de crédito por antecipação de receita orçamentária

- Hely Lopes Meirelles: ato do Executivo para atender a insuficiência de caixa; empréstimo que o Poder Público faz para suprir eventuais quedas da arrecadação – art 30 LRF

- Não se pode falar em emissão de precatório para o pagamento de débito assumido em decorrência de operação de antecipação de receita orçamentária (ARO), pois essa trata-se de contrato no âmbito privado.

Operações com o BC
- O BC é o agente financeiro controlador de todas operações – art 39 LRF
- Alguns postulam sua independência, outros os seu vínculo com política públicas do governo.

6.34.17 – Garantia e contragarantia – art 40 LRF

- Garantia de adimplemento das obrigações assumidas; pode ser real (hipoteca) ou pessoal (aval).
- Pode-se dar em garantia a vinculação de receita tributária? Não pode o Estado dar em garantia de empréstimo a cláusula de hipoteca de impostos, nem pode outorgar procuração para recebê-lo.
- O Estado é soberano, também, como devedor – principio da não afetação de receitas públicas.
- Art 167 parágrafo 4 CF – para garantia de adimplemento em qualquer caso é vedada a retenção de receita tributária transferida obrigatória, (art 160 – condicionar recursos é diferente de retê-los).
- A retenção é possível apenas mediante convênio.
- Art 40 parágrafo 1, I – é discutível, porque se faz dívidas quando de sente compelido a tal e a Constituição não permite a vinculação de tributos, mesmo em se tratando das receitas transferidas de caráter tributário ou não.
- A forma de se cobrar é por via judicial, não por vinculação de recursos.
- Dar garantia sem exigir contragarantia é crime art 359-E do CP, art 2º lei 10028/2000
- Instituições financeiras estatais que exploram atividade econômica submetem-se às mesmas regras que instituições financeiras privadas, principalmente no que se concerne às questões trabalhistas e tributárias. – art 61 LRF X parágrafo 1 art 173 CF

6.34.17.1 – Restos a pagar:

- Considera-se dívida pública
- As despesas não pagas no seu ano financeiro podem ser pagas a qualquer tempo antes de se verificar a prescrição qüinqüenal em favor da Fazenda Pública.
- Não é certo que o cumprimento dessas despesas tenha o Judiciário como intermediador para a cobrança, uma vez que são despesas e devem ser pagas naturalmente, como qualquer despesa.
- Art. 42 LRF – limites ao governante: não se pode gastar, a partir de 1º de maio do último ano do mandato, o que não se pode pagar enquanto empossado. Isso se concerne apenas às obrigações não previstas do orçamento, para que não sejam realizados serviços sem a devida disponibilidade financeira para saudá-los.
- Art. 36 lei 4320/64 – expedição de nota de empenho

6.34.18 – Da gestão patrimonial

Da disponibilidade de caixa
- Onde devem ser depositadas? Art. 164/CF, §3.º e art. 43/LRF.
- Instituição oficial é apenas banco estatal.
- Disponibilidade de caixa para a Previdência Social → §1.º do art. 43/LRF.
- §2.º veda aplicação das disponibilidades do §1.º em duas situações (incisos I e II) → importantes, pois evita que o governante irresponsável manipule as disponibilidades. A regra é recebida como moralizadora de costumes políticos.

Da preservação do patrimônio público
- *Patrimônio público* → conjunto de bens corpóreos ou não, móveis, imóveis, semoventes, créditos, direitos e ações que pertencem, a qualquer título, ao Estado ou a suas entidades estatais.
- Art. 44/LRF → o que objetiva a Lei é que não se consuma o produto da alienação de bens e direitos em despesa concorrente.

- *Projeto* → operação limitada no tempo, tem um produto final e concorre para a extensão ou aperfeiçoamento da atuação do setor público → Ex.: obra pública.
- *Atividade* → contínua e permanente → Ex.: serviço de saúde.
- Art. 45/LRF → observado o §5.º, art. 5.º/LRF, só poderão ser incluídos novos projetos após atendimentos os em andamento e contemplados as despesas de conservação do patrimônio público.
- Art. 46/LRF → nulo o ato de desapropriação de imóvel urbano feito sem prévia e justa indenização em dinheiro ou prévio depósito judicial do valor da indenização.

Das empresas controladas pelo setor público
- *Empresas controladas* → sociedade cuja maioria do capital social com direito a voto pertença, direta ou indiretamente, a ente da Federação.
- A Lei cuida de qualquer empresa controlada.
- Art. 47/LRF → a empresa controlada que firmar contrato de gestão com objetivos e metas de desempenho disporá de autonomia gerencial, orçamentária e financeira.

6.34.19 – Da transparência, controle e fiscalização

Da transparência
- A gestão fiscal deverá ser a mais absoluta transparência, com ampla divulgação, cumprindo, até, o que dispõe o art. 37/CF → *Princípio da publicidade* → requisito de eficácia e de moralidade dos atos administrativos.
- O juiz tem competência para acolher ação contra atos ou comportamentos ilegais do Poder Público → Jamais impor decisões políticas ao Executivo (ex.: determinar a construção de creche).
- Transparência é assegurada mediante:
  o Planos, orçamentos e leis de diretrizes orçamentárias;
  o Prestação de contas e respectivo parecer prévio;
  o Relatório resumido da execução orçamentária;
  o Relatório de gestão fiscal.

- Poder Público deve incentivar a participação popular e a realização de audiências públicas, durante os processos de elaboração e discussão dos planos, leis de diretrizes orçamentárias e orçamentos anuais.

Da escrituração e da consolidação das contas
- Art. 51/LRF → mecanismo visa mostrar à comunidade como um todo qual o real e efetivo débito público, dar informação sobre perspectivas de crescimento inercial ou real da dívida, possibilitar à economia globalizada saber a saúde financeira do Brasil, facilitar a vinda de novos investimentos.
- Ponto crucial para integração mundial é a transparência fiscal → gestão democrática dos recursos públicos gera confiança nos investidores
- Consolidação nacional das contas dos entes federativos é instrumento essencial para propiciar o acesso de investidores em todos os setores da vida pública e particular:
    - Bancos internacionais só fornecem empréstimos a quem demonstra higidez financeira;
    - Surgimento de ONGs que buscam a Transparência Internacional.

Do relatório resumido da execução orçamentária
- Tem previsão constitucional: art. 165, §3.º
- Balanço identificará as receitas por fonte (IPTU, IPVA etc.), despesas por grupo de naturezas (pessoal etc.), especificando a despesa liquidada e o saldo.
- Deve ser publicado → pode ser em jornais de grande circulação, em caso de grandes Municípios; se pequenos, basta a afixação no denominado placar da Prefeitura.

Do relatório da gestão fiscal
- Publicação a cada 4 meses (art. 54/LRF).
- Revela a realização de despesas sujeitas a limite e a posição da dívida.
- O relatório da gestão fiscal é específico por Poder e do MP (o resumido da execução orçamentária é uno, global).
- O relatório conterá: ver art. 55/LRF, incisos I, II e III.

- Será publicado até 30 dias após o encerramento do período a que corresponder, com amplo acesso ao público, inclusive por meio eletrônico.

Das prestações de contas
- As contas dos 3 Poderes e do MP serão encaminhadas juntamente com a do Chefe do Executivo ao Tribunal de Contas (TC), que cuidará de sua organização e apreciação, emitindo parecer prévio e separado.
- Art. 71/CF, I → controle externo cabe ao TC, cabendo-lhe apreciar as contas prestadas anualmente pelo Presidente da República → a LRF aumentou a exigência constitucional.

Da fiscalização da gestão fiscal. O papel dos Tribunais de Contas
- A fiscalização da gestão fiscal é desempenhada pelo controle interno de cada Poder (art. 70/CF) e pelo Poder Legislativo, com auxílio do respectivo TC (Art. 57/LRF).
- TCs têm função preventiva e fiscalizadora → não lhes cabe tomar qualquer medida de sustação de despesa ou de contratos que entende viciados.
- O Poder Legislativo não pode exercer fiscalização de forma direta, passando por cima do TC.

6.34.20 – Disposições finais e transitórias

Aplicação a Estados e Municípios
- Lei Estadual ou Lei Municipal poderá fixar limites inferiores ao previsto na LRF para as dívidas consolidadas e mobiliárias, operações de crédito e concessão de garantias.
- Títulos da dívida pública poderão ser oferecidos em caução para garantia de empréstimo (art. 61/LRF).
- União deverá prestar assistência técnica e cooperação financeira aos Municípios, consistente no treinamento e desenvolvimento de recursos humanos e na transferência de tecnologia (art. 64).
- Em caso de calamidade pública, os prazos ficam suspensos (art. 65).

Estado de defesa e sítio
- Nesses casos, aplica-se o mesmo que para a calamidade pública.

Baixo crescimento do PIB
- Em caso de baixo crescimento do PIB (inferior a 1% em 4 trimestres) os prazos legais de atendimento fiscal podem ser duplicados (art. 66).

Fundo Geral da Previdência Social. Regimes próprios de entes federados
- A LRF criou um Fundo para a Previdência Social com objetivo de prover recursos para o pagamento dos benefícios do regime geral da previdência social (art. 68) → a gerência é do INSS.

Sanções civis, administrativas, políticas e penais
- Infrações à LRF serão punidas de acordo com os diplomas legais previstos no art. 73 da própria LRF.
- Não é mais mera infração administrativa; enseja sanção civil (indenização) e constitui crime.
- Sanção política é o caso do *impeachment*.

Assim, é agravada a situação daquele que gerencia coisa pública de forma irresponsável.

6.35 – TRIBUNAL DE CONTAS

Tribunal de Contas – Histórico
- Surgimento: 1890, por meio de Decreto
- "Se o Estado de Direito supõe que todas as condutas estatais mantenham-se aprisionadas aos parâmetros pré-lançados que lhe regulam comportamentos, para que o princípio da legalidade se imponha como um todo íntegro, sem fissuras, é indispensável não apenas sua submissão ao controle judicial, quando sua conduta seja agressiva aos direitos subjetivos, mas é requisito também que exista um *mecanismo controlador* de toda a ação estatal, graças ao que possa ser reconduzido à

legalidade, mesmo quando de sua conduta não haja resultado violação de direito individual" MELLO, Celso Antônio Bandeira de.
- Todas as despesas devem estar sujeitas ao controle de um órgão. Cabe à ele a fiscalização e controle das contas de todas as pessoas jurídicas e físicas que lidam com recursos públicos
- Sem prejuízo do controle jurisdicional, que é constituído por um dos órgãos do Poder, em relação às contas todos se sujeitam ao controle dos Tribunais de Contas.
- TCU não é órgão do Poder Legislativo. É seu auxiliar, com dignidade constitucional:.

Art. 71. O controle externo, a cargo do Congresso Nacional, será exercido com o auxílio do Tribunal de Contas da União, ao qual compete:

- Características:
  - Julgamento sob critério objetivo e da técnica jurídica
  - Força de irretratabilidade que é própria das decisões judiciais
- Um dos mecanismos que atenta contra a teoria da tripartição de Montesquieu. (O Poder é uno e indivisível, mas em seu exercício, as funções são compartilhadas por mais de três entes)

Organização

Art. 73. O Tribunal de Contas da União, integrado por nove Ministros, tem sede no Distrito Federal, quadro próprio de pessoal e jurisdição em todo o território nacional, exercendo, no que couber, as atribuições previstas no art. 96.

- Autonomia administrativa (quadro próprio de pessoal)

Sistemas de controle. O papel da Câmara de Vereadores na apreciação das contas
- Não há submissão do TC em relação ao Parlamento
- Há dois momentos de controle do TC: concomitante e posterior
- Processo:
  - 1º – apreciação do TCU
  - 2º – apreciação da Câmara dos Vereadores
  - Se há discordância, cabe processo e é assegurado o contraditório:

STF – Súmula Vinculante nº 3 – Processo administrativo no TCU

"Nos processos perante o Tribunal de Contas da União asseguram-se o contraditório e a ampla defesa quando da decisão puder resultar anulação ou revogação de ato administrativo que beneficie o interessado, excetuada a apreciação da legalidade do ato de concessão inicial de aposentadoria, reforma e pensão" – **vale também para TCs Estaduais e Municipais**

Função "jurisdicional" do Tribunal de Contas

- Parte da doutrina vê uma função "jurisdicional" nas atribuições do TC.
- Régis encara essa postura devido à criação da "coisa julgada". O professor entende que há apenas um caráter administrativo nas decisões do TC, já que suas decisões podem ser revistas e reapreciadas por outro órgão, ou seja, não julga definitivamente.

Art. 71 *(competências do TC)*

II. julgar as contas dos administradores e demais responsáveis por dinheiros, bens e valores públicos da administração direta e indireta, incluídas as fundações e sociedades instituídas e mantidas pelo Poder Público federal, e as contas daqueles que derem causa a perda, extravio ou outra irregularidade de que resulte prejuízo ao erário público;

- A palavra julgar, neste inciso, significa "avaliá-las", "entendê-las", e não "sentenciar"
- Definitivamente: o TC é órgão auxiliar dos Três Poderes, mas embutido no Poder Legislativo (devido à posição enciclopédica em que se encontra na Constituição)
- Possível confusão: o TC não faz parte do Judiciário. Os ministros daquele órgão apenas foram dotados das mesmas garantias e deveres funcionais deste. Nada mais.

STF – Súmula nº 6

A revogação ou anulação, pelo Poder Executivo, de aposentadoria, ou qualquer outro ato aprovado pelo Tribunal de Contas, não produz efeitos antes de aprovada por aquele tribunal, ressalvada a competência revisora do judiciário.

STF – Súmula nº 347

O Tribunal de Contas, no exercício de suas atribuições, pode apreciar a constitucionalidade das leis e dos atos do poder público.

- Súmulas confirmam seu caráter meramente administrativo, uma vez que tais apreciações podem ser revistas pelo Poder Judiciário.

Requisitos para provimento do cargo de Ministro do TCU

Art. 73 § 1º – Os Ministros do Tribunal de Contas da União serão nomeados dentre brasileiros que satisfaçam os seguintes requisitos:
I – mais de trinta e cinco e menos de sessenta e cinco anos de idade;
II – idoneidade moral e reputação ilibada;
III – notórios conhecimentos jurídicos, contábeis, econômicos e financeiros ou de administração pública;
IV – mais de dez anos de exercício de função ou de efetiva atividade profissional que exija os conhecimentos mencionados no inciso anterior.

- Seleção

Art. 73 § 2º – Os Ministros do Tribunal de Contas da União serão escolhidos:
I – um terço pelo Presidente da República, com aprovação do Senado Federal, sendo dois alternadamente dentre auditores e membros do Ministério Público junto ao Tribunal, indicados em lista tríplice pelo Tribunal, segundo os critérios de antigüidade e merecimento;
II – dois terços pelo Congresso Nacional.

Equivalência de impedimentos e vantagens

Art. 73 § 3° Os Ministros do Tribunal de Contas da União terão as mesmas garantias, prerrogativas, impedimentos, vencimentos e vantagens dos Ministros do Superior Tribunal de Justiça, aplicando-se-lhes, quanto à aposentadoria e pensão, as normas constantes do art. 40.

Competência
- Art. 71, incisos
- Controle difuso de constitucionalidade (Súmula 347 STF, *supra*)
  o *Apreciar as contas do Presidente da República*, que devem ser apresentadas até 60 dias após a abertura da sessão legislativa (15 de fevereiro). TC tem prazo de 60 dias para emitir parecer prévio (peça meramente opinativa, ao qual o Congresso poderá acatar ou não). Se Presidente não enviar contas no prazo, cabe ao TC informar o Congresso, e este o acusará da prática de crime de responsabilidade.
  o *Julgar as contas dos administradores e demais responsáveis da administração direta e indireta.* O dispositivo deve ter interpretação abrangente, a fim de abarcar todos os recursos públicos.
  o *Apreciar a legalidade dos atos de admissão de pessoal.* Verificação da existência de concurso público, quando necessário, e do preenchimento dos requisitos exigidos em lei do candidato.
  o *Realizar inspeções e auditorias nas unidades administrativas.* Captação de documentos e comprovações de despesas. Não ocorre apenas a fiscalização formal, mas também se os recursos estão sendo destinados ao fim pré-estabelecido.
  o *Contas de empresas supranacionais em que a União é parte.*
  o *Fiscalização de recursos passados pela União aos Estados, DF e Municípios.*
  o *Prestar informações solicitadas pelo Congresso.* O Congresso deve manter-se informado.
  o *Aplicar aos responsáveis, em caso de irregularidades, as sanções previstas em lei.* Imputação de multa proporcional ao dano causado.
  o *Assinar prazo para a tomada de providências, em caso de irregularidades.* TC deve tomar providências para que se supere a ilegalidade detectada.
  o *Sustar execução de atos ilegais insanáveis.*
  o *Representar ao poder competente sobre irregularidades apuradas.*
- A sustação dos atos irregulares tem eficácia imediata.

- Se o Congresso ou o Poder Executivo não tomar medidas em 90 dias, o TC poderá decidir a questão.
- O TC tem a obrigação de enviar, trimestral e anualmente, suas contas ao Congresso.
- Processo de apreciação no Congresso (art. 72):
  - 1º – Comissão avalia PPA e LDO
  - 2º – Comissão pede explicações sobre gastos não autorizados. Prazo de 5 dias para explicações.
  - 3º – Não havendo explicações, o Congresso pede ao TC pronunciamento conclusivo, em um prazo de 30 dias.
  - 4º – Parecer do TC retorna ao Congresso, e será julgada a sustação.

Sigilo bancário

- O tema é muito polêmico. Parte da doutrina entende que faz parte da competência do TC apreciar as contas, e que para isso, ele seja dotado de capacidade de quebra de sigilo bancário.
- A Lei nº 4.595/64 permite a quebra do sigilo bancário diante de a) determinação judicial; b) solicitação provinda de CPI; e c) solicitação de agentes fiscais da União e dos Estados

O Tribunal de Contas dos Estados e dos Municípios

Art. 75. As normas estabelecidas nesta seção aplicam-se, no que couber, à organização, composição e fiscalização dos Tribunais de Contas dos Estados e do Distrito Federal, bem como dos Tribunais e Conselhos de Contas dos Municípios.
Parágrafo único. *As Constituições estaduais disporão sobre os Tribunais de Contas respectivos, que serão integrados por sete Conselheiros.*

- Estados
  - Não podem reduzir atribuições de seus TCs.
  - Composição:

  STF – Súmula nº 653
  No Tribunal de Contas estadual, **composto por sete conselheiros, quatro devem ser escolhidos pela Assembléia Legislativa e três pelo Chefe do Poder Executivo estadual,** *cabendo a este indicar um dentre auditores e outro dentre membros do Ministério Público, e um terceiro à sua livre escolha.*
  - Título: "conselheiros"

- Municípios:
  - Controle externo exercido pela Câmara dos Vereadores
  - Art. 31 proíbe a criação de novos TCs, mas TC Estadual pode criar órgão responsável pelas contas de determinado município.

6.36 – PRECATÓRIOS

Conceito. Características

"Precatório ou ofício precatório é a solicitação que o juiz da execução faz ao presidente do tribunal respectivo para que este requisite verba necessária ao pagamento de credor de pessoa jurídica de direito público, em face de decisão judicial transitada em julgado". Ou seja, o mecanismo de satisfação de crédito perante a Fazenda, condenada por sentença judicial, é o precatório. O chefe do Judiciário, com o ofício (precatório) em mãos, numera-o e comunica à Fazenda Pública respectiva para que efetue o pagamento. Os pagamentos devem ser seguidos rigidamente na ordem de chegada dos precatórios.

O Poder Público deve inserir o numerário suficiente e razoável para os pagamentos. O Executivo libera as verbas. O orçamento das entidades de direito público deve conter verba para o pagamento desses débitos. "O termo limite para o pagamento é o último dia do ano seguinte àquele em que o precatório foi comunicado ao presidente do tribunal. Vê-se que o Poder Público tem, no mínimo, um ano e meio para o pagamento dos precatórios. Aqueles que chegarem à Presidência após o dia 1º de julho deverão integrar nova ordem, recomeçada a partir do dia 2 de julho."

Havendo culpa ou dolo do presidente do tribunal, prejudicando o pagamento, este incorre em crime de responsabilidade.

Crédito alimentar

Há dois tipos de pagamento do débito do Poder Público: crédito alimentar e os créditos de outra natureza. O *caput* do art. 100 da CF determina que o crédito alimentício é exceção à obrigatoriedade de pagamento na ordem cronológica. Apesar disso, é entendimento do STF (Súmula 655) que ainda é indispensável a expedição de precatório. Ou seja, deve dar-se preferência aos créditos alimentares no pagamento dos precatórios.

Fica difícil a situação dos juros, da atualização monetária. Deve haver atualização e pagamento imediato em seu montante integral devidamente corrigido. Os juros de mora somente são devidos se não houver o pagamento até o final do exercício seguinte.

Atualização monetária

Pela nova redação trazida pela EC 30/2000, a atualização monetária pode ocorrer quando do pagamento, e não do dia exato de 1º de julho. Os precatórios apresentados até 1º de julho serão pagos "até *o final do exercício seguinte, quando terão seus valores atualizados monetariamente*". Isso tudo porque os precatórios se desatualizam.

A importância disto é que haja o pagamento completo dos débitos. Se a atualização não se desse, estaria instituído na CF o calote parcial das dívidas. A correção do montante deve ser feita porque prevalece o elemento ético no comportamento administrativo. O princípio da moralidade, previsto pelo art. 37 da CF é igualmente levado em conta.

Seqüestro de verbas públicas

Se o direito de precedência for infringido, pode o credor solicitar ao presidente do tribunal o seqüestro da quantia necessária à satisfação do débito. A jurisprudência orienta que o seqüestro pode recair sobre qualquer quantia pública, seguindo-se o imediato pagamento ao credor preterido.

Mesmo havendo acordo com os credores, o STF decidiu que "a conciliação não possibilita a inobservância, pelo Estado, da regra constitucional de precedência, com prejuízo de direito preferencial dos precatórios anteriores.".

O crédito de pequeno valor

A EC n.30/2000 estabeleceu que a norma sobre precatórios não se aplica "aos pagamentos de obrigações definidas por lei como de pequeno valor". A definição de pequeno valor é dada por lei ordinária e nesse sentido não há necessidade de precatório. A ordem deve ser dada diretamente pelo juiz de execução à autoridade administrativa.

O art 33 do ato das Disposições Constitucionais Transitórias e o art 78 do mesmo texto, inserido pela EC n.30/2000, e a EC n.37/2002

Introdução

Passou-se do "absolutismo ao império da lei". Houve a transformação do governo dos homens para o governo da lei, a superação do arbítrio para a concretização do ideal de liberdade democrática.

Porém, mesmo com a proteção da norma constitucional, com alguma freqüência, vê-se uma deturpação com o sistema porque a política governamental não trabalha segundo os verdadeiros conceitos de democracia, ou seja, através da consulta à opinião pública.

Assim, utiliza-se o parlamento para aprovar medidas decisivas sem discussão nas bancadas e impostas pela orientação do partido situacionista.

Num país como o nosso, segundo o autor, de constituição rígida, uma norma quando aprovada reveste-se de uma "imutabilidade". E isso seria potencialmente gravoso, sendo aprovada desta maneira.

EC n.30/2000, os arts 33 e 78 do ADCT. Hipóteses diversas. Constituinte originário e derivado

O que se procura analisar é se a EC n.30/2000, que alterou a redação de art. 100 Constituição Federal e acrescentou o art. 78 ao ADCT é inconstitucional ou não.

O poder constituinte derivado só pode ser exercido em absoluta coerência ao poder constituinte originário porque seu poder decorre da Constituição. Se a reforma é tão profunda, a ponto de deformar ou descaracterizar a essência da lei que lhe dá a competência, o constituinte estabelecido deverá ter um poder político próprio do legislador original. Se não for assim a finalidade será alterada.

Assim, o art 33 do ADCT fere os princípios do sistema a constitucional, como o da isonomia (art 5º, caput), do direito adquirido (art 5º, XXXVI, CF), da justa indenização (art 5º, XXXIV, CF) e do pagamento dos precatórios judiciários (ar 100, CF). Porém, essa antinomia é aparente porque a ADCT foi feita por poder constituinte originário e assim o STF entendeu que não era inconstitucional.

Entretando, o art 78 foi feito por poder constituinte derivado e fere os princípios colocados pelo poder constituinte originário, sendo então inconstitucional.

Do abuso do Poder Legislativo

O Direito é captado na realidade social, e, portanto o legislador deve espelhar a realidade nas normas para que haja coerência. Porém, o autor do livro acredita que não foi isso o ocorrido quando da criação da EC n.30/2000.

A nova e inconstitucional moratória

O art 78 da ADCT foi feito "com a finalidade de adiar o pagamento acumulado por todos os entes federativos, que nunca demonstraram boa vontade em saldá-las." Porém, esse art não encontra apoio na Constituição.

Vê-se que os precatórios não são pagos. Nem aqueles emitidos na década passada. O autor justifica isso pelo descontrole do Executivo nos gastos públicos, empregados na realização de obras faraônicas e distribuição de verbas destinadas à manutenção do poder político dos governantes.

O autor acredita que a inclusão do art 78 no ADCT demonstra uma tentativa do legislador de se investir de competências do poder constituinte originário e assim "desprezou a isonomia (art 5º, caput), o direito adquirido (art 5º, XXXVI, CF), a justa indenização (art 5º, XXXIV, CF), o pagamento dos precatórios judiciários (ar 100, CF) e o principio da segurança jurídica"

Da violação do direito adquirido e da coisa julgada

Diz-se que esses direitos foram violados quando da promulgação da EC n.30/2000. O que houve, nesse caso, é que o direito adquirido das pessoas antes da EC n.30/2000, foi violado por lei superveniente.

Direito adquirido de que até 30 de dezembro do exercício seguinte ao da apresentação, a ordem judicial seria obedecida.

Essa lei regula os precatórios passados, de ações intentadas até 31 de dezembro de 1999 e portanto é uma lei que se volta ao passado, para remendar uma insolvência crônica do Estado. Assim, é dado tratamento diferente aos titulares de precatórios (principio da isonomia violado).

Preliminares. Análise da EC n.30/2000.

Para analisar a EC, admite-se a constitucionalidade.

Os ofícios de precatórios devem ser apresentados até o dia 1° de julho de cada ano, fazendo- se o pagamento até o final do exercício seguinte (art 100, § 1°, CF).

Na lei do art 100, a atualização monetária ocorria dia 1º de julho para mais tarde ser pago. Agora, com a EC n.30/2000, a atualização monetária será realizada na data do pagamento, oferecendo mais justiça à situação.

Apurado o cálculo, o Presidente do Tribunal determina o pagamento. No caso de preterição no pagamento dos precatórios, o Presidente deverá autorizar o seqüestro da quantia necessária à satisfação do débito.

O pagamento de condenações de pequeno valor

A lei específica definirá o que é credito de pequeno valor. Porém a EC n.37/2002 estipulou o que entende por pequeno valor, até a edição de lei própria de cada ente federativo:

- Para os Estados e o Distrito Federal são 40 salários mínimos.
- Para os Municípios são 30 salários mínimos.

O prazo razoável para cumprimento da ordem emanada pelo juiz é de 30 dias a contar do recebimento do mandado pela Procuradoria Geral competente.

Mas é lei ordinária que deverá definir. Cada município e Estado poderá dispor sobre a forma de execução e estabelecimento de prazo.

Deixando-se de efetuar o pagamento, cabe ao juiz determinar o sequestro de numerário suficiente para a satisfação do credor.

Os precatórios alimentícios

Seu pagamento tem privilégio sobre os demais. E aqui inclui-se os honorários advocatícios. Ainda, esses precatórios devem ser pagos integralmente e devidamente atualizados.

O art 78 do ADCT dividiu os pagamentos em:

1) créditos de pequeno valor;
2) alimentícios;
3) os alçados pelo art 33;
4) as complementações dos já mencionados;
5) os "3" e os "4" já com recursos liberados ou depositados;
6) precatórios pendentes na data da publicação da EC;
7) os decorrentes de ações jucidiais ajuizadas até 31/12/1999

"Os dois últimos serão pagos pelo seu valor relam em moeda corrente, acrescido de juros legais, em pretações anuais, iguais e sucessivas, no prazo máximo de dez anos, permitida a cessão dos créditos".

Os precatórios não alimentares

A Constituição prevê moratória de 8 anos. Assim, todos os créditos deveriam ter sido quitados. Se não o foram, pode-se abrir um processo-criminal. Isso aconteceu ou por incompetência do Presidente do Tribunal ou por descumprimento de norma constitucional.

Da Responsabilidade Fiscal e suas conseqüências administrativas, civis, políticas e criminais

Caso haja descumprimento dos precatórios na ordem de apresentação haverá responsabilidade civil e criminal.

A Lei de Responsabilidade Fiscal determina que todos os recursos previstos na lei orçamentária anual para pagamento de dívida pública, devem ter rigoroso destino, não podendo ser desviados. Assim, a Lei de Responsabilidade Fiscal obriga o cumprimento da obrigação, caso contrário se cometerá crime de responsabilidade.

Porém, não há tipo penal para o ato, não se constituindo assim, crime comum. Neste caso, a classificação é de crime funcional; apurado pela Câmara dos Deputados e processado e julgado perante o Senado, na forma da Lei 1.079/1950. O processo é político-administrativo.

Do seqüestro introduzido pela EC n.30/2000

"Em, caso de preterição, deve o presidente do Tribunal determinar o seqüestro da quantia necessária à satisfação do débito." Aqui, está incluída a idéia de precedência cronológica.

Assim, o credor age como fiscal do cumprimento da ordem. Reconhecida a quebra da ordem, o seqüestro dar-se-á sobre rendas publicas suficientes para pagamento do primeiro credor e não do credor reclamante. A natureza da reclamação é cautelar não satisfativa. Dessa forma, o seqüestro ocorre para o primeiro da fila e não para os demais até o credor beneficiário.

Essa regra também vale para os precatórios alimentícios. Tem-se o entendimento que deveria haver dois créditos. Um para os precatórios comuns e outro para os alimentícios.

Pelo art 78 da ADCT há três hipóteses de seqüestro:

a) vencido o prazo de pagamento;
b) omissão de orçamento;
c) preterição do direito de preferência

Da intervenção federal nos Estados e destes nos Municípios

A dúvida decorrente de condenação judicial provém de lei e por isso motiva o pedido de intervenção quando inadimplida.

"A intervenção mostra-se como forma coercitiva de inegável valor". Para o STF deve haver dolo ou culpa para haver intervenção. Para o autor do livro, basta haver o elemento objetivo, ou seja, o inadimplemento, opinião essa igual ao do Ministro Marco Aurélio.

A EC n.37, de 12 de Julho de 2002

Essa Emenda Constitucional acrescentou o §4º ao art 100 da Constituição Federal. Nesse caso, proíbe-se a expedição de precatório complementar ou suplementar, matéria já apreciada pelo STF. Apenas nos casos de erro material, aritmético ou inexatidão nos cálculos é que se pode falar em precatório complementar.

Isso acontece porque se pretende restringir o envio desses precatórios complementares à definição de "pequeno valor" para assim, serem pagos de maneira diversa.

Entretanto, essa regra vem, aos poucos sendo, deixada de lado. Isso porque o STF entende que "é possível expedir precatório para a parte incontroversa do crédito."

Além disso, a EC n. 37/2002 acrescentou ao ADCT os arts 86 e 87. Com eles, foi determinado que os precatórios de pequeno valor não estão mais submetidos a ordem dos precatórios comuns.

6.37 – DÍVIDA PÚBLICA E OPERAÇÕES DE CRÉDITO

Dívida Externa e Interna. O FMI.

Endividamento externo: quando a assunção de compromissos financeiros ocorre com pessoa jurídica ou física do exterior. É responsável por grandes transferências dos países pobres para os países ricos. As vantagens desse tipo de endividamento podem eventualmente ocorrer de forma imediata, mas trata-se de um tipo de dívida desastroso a médio e longo prazo.

A dívida pública abrange apenas os empréstimos capitados no mercado financeiro interno ou externo por contratos assinados com bancos e instituições financeiras ou do oferecimento de títulos ao público.

Endividamento Interno: quando o credor é pessoa sediada no Brasil.

FMI: O Fundo Monetário Internacional foi criado como instituição encarregada de preservar o funcionamento do sistema monetário internacional.

Os países que ratificaram seu estatuto têm que manter a estabilidade de sua moeda. Todos podem socorrer a esse fundo.

O objetivo inicial do FMI era a fiscalização do câmbio, como atualmente o câmbio passa a ser flutuante na maioria dos países, essa instituição não teria mais legitimidade. Por isso, ao longo do tempo ele vem alterando sua razão de ser e se adaptando aos novos tempos. Seus princípios foram sendo continuamente alterados e adaptados para se conformarem com a realidade.

A Instituição sofre críticas por ser manipulada pelos EUA e por ter uma visão estritamente monetarista, deixando de lado aspectos sociais das crises.

Uma corrente vê o FMI como uma entidade isenta baseada exclusivamente em princípios econômicos. A instituição é vista por estes como um empresário que impõe condições ao seu investimento. A solução estaria na renegociação das dívidas.

Outra corrente vê a instituição com uma entidade opressora e que agride os países com a imposição de regras.

Outras instituições criadas, com o objetivo de ajudar a reconstrução e desenvolvimento dos países: Banco Mundial, BIRD, AID.

Enquanto o FMI fornece recursos em curto prazo para reequilíbrio da balança de pagamentos dos países, ajudando na recuperação dos países em crise, o BM fornece ajuda em longo prazo nos projetos de investimento, financiando empreendimentos.

OMC: tem por finalidade a derrubada de tarifas protecionistas e redução de tarifas aduaneiras.

Dívida Pública Consolidada: Montante total das obrigações financeiras assumidas em virtude da CF, leis, contratos, convênios ou tratados e da realização das operações de crédito, para amortização em prazo superior a12 meses.

Obs.: a LRF faz integrar nesse conceito as operações de crédito de prazo inferior a 12 meses, desde que incluídas no orçamento.

- líquida: é a que tem deduzidas as disponibilidades de caixa, as aplicações financeiras e os demais haveres financeiros.

Dívida Pública Mobiliária: Decore de títulos emitidos pelos entes federados

Dívida Pública Flutuante: Aquela assumida para pagamento no mesmo exercício. É aquela assumida a partir de 10/01 e que deve ser paga até 20/12, durante o mesmo exercício financeiro. Também aqui se incluem precatórios não pagos e operações, ainda que inferiores a 12 meses, tenham constado como receitas.

Princípios gerais de direito incidentes sobre os débitos externos:
- *pacta sunt servanda*: a obediência ao que foi contratado. Os contratos devem ser cumpridos tal como pactuado.
- *rebus sic stantibus*: ocorrendo bruscas transformações na situação fática que torne difícil ou impossível o cumprimento do pactuado, deve haver a reformulação do contratado.
- boa fé: presença da ética na relação contratual. Pressupõe uma relação mútua de confiança;
- *beneficium competentie*: não redução do devedor ao estado de necessidade.
- *favor debitoris*: a parte mais fraca deve ser tutelada, de modo a tornar mais suave o cumprimento de suas obrigações.
- não pode haver alteração unilateral das cláusulas firmadas.

Requisitos e limites da operação externa de natureza financeira:
- É da vida normal dos entes públicos que estes se relacionem e busquem recursos perante outros, para a subsistência dos Estados e para o desenvolvimento de suas atividades.

- É imprescindível a prévia autorização legislativa para que o Estado se vincule a um débito.
- É necessário que haja a representação do ente público, fixando-se garantias, prazos de vencimento, formas de regate, etc.

Procedimentos para a obtenção de empréstimos pelos entes federais
- Encaminhar pedido ao Ministério da Fazenda
- O Ministério da Fazenda encaminha ao Senado em até 30 dias úteis
- As operações de antecipação de receita serão autorizadas por processo competitivo eletrônico, pelo BC.
- Mensalmente o BC informa ao Senado a posição do endividamento de todos os entes federados e respectivas entidades da administração indireta e as respectivas operações realizadas.

Operações de Crédito Interno
- O controle efetivo cabe ao Ministério da Fazenda:
  LRF: Art. 32. O Ministério da Fazenda verificará o cumprimento dos limites e condições relativos à realização de operações de crédito de cada ente da Federação, inclusive das empresas por eles controladas, direta ou indiretamente.
- Também é necessária a autorização legislativa e diversos requisitos.
- A LRF proíbe que sejam realizadas operações de crédito entre entes da federação.:
  Art. 35. É vedada a realização de operação de crédito entre um ente da Federação, diretamente ou por intermédio de fundo, autarquia, fundação ou empresa estatal dependente, e outro, inclusive suas entidades da administração indireta, ainda que sob a forma de novação, refinanciamento ou postergação de dívida contraída anteriormente.

  § 1o Excetuam-se da vedação a que se refere o caput as operações entre instituição financeira estatal e outro ente da Federação, inclusive suas entidades da administração indireta, que não se destinem a:
  I – financiar, direta ou indiretamente, despesas correntes;
  II – refinanciar dívidas não contraídas junto à própria instituição concedente.

Limites globais para o montante da dívida pública

O Senado deve dispor sobre os limites globais de crédito externo e interno dos entes federativos (ART. 52, VII).

O artigo 30 da LRF prevê o envio, pelo Presidente da República, de proposta para a fixação dos limites globais do endividamento, tal como prevê o inciso VI do art. 52 da CF, vindo a lume, em decorrência, a Resolução 40 do Senado.

Caso o montante da dívida seja ultrapassado, a lei estrutura mecanismos para sua recondução aos limites, indicando caminhos para que isso ocorra.

Não poderá a União prestar garantia acima de 60% da receita corrente líquida. Para outorga de qualquer garantia há que ser atendidos os requisitos previstos no art. 10 da resolução 48/2007.

7 – O CRÉDITO PÚBLICO

7.1 – NOÇÕES GERAIS

Origem Etimológica do Termo Crédito

A palavra crédito se origina do latim *creditum*, que, por sua vez, advém do verbo *credere*, isto é, ter confiança. Assim, crédito é a confiança que os homens têm uns nos outros e sua importância é demonstrada pela tradicional sentença de Demóstenes: "Ignorante é aquele que desconhece que o crédito é o maior capital dentre todos os que nos proporcionam a aquisição da riqueza".

Elementos do Crédito: Confiança e Prazo

Assim, a base do crédito é a *confiança* que o credor deposita na pessoa a quem concede o crédito de que a mesma lhe restituirá o capital mutuado.

Esta *confiança* tem de ser entendida sob os pontos de vista *subjetivo* e *objetivo*. Significa, pelo primeiro aspecto, que o devedor merece fé, ou melhor, possui os requisitos morais básicos que fazem a pessoa do credor ter a certeza de que ele aplicará a sua capacidade econômica no cumprimento de sua obrigação, correspondente à devolução da quantia que lhe foi mutuada. Encarada sob o aspecto *objetivo*, a confiança compreende a certeza que o credor tem de que o devedor é economicamente capaz de liquidar o débito que assumiu. Além do elemento confiança, um outro elemento deve ser ressaltado, o *tempo*, que corresponde ao período que decorre entre a prestação atual por parte de quem concede o crédito e a prestação futura a ser cumprida por quem dele se beneficiou e consistente na sua devolução.

Assim, para alguns o crédito consiste em uma troca de um valor presente por um valor futuro, enquanto para outros seria a permissão de usar o capital de outrem.

Por outro lado, a expressão *público* é empregada para caracterizar a pessoa do Estado como sendo a que se utiliza daquela confiança para obter recursos do particular contra a promessa de restituí-los decorrido certo tempo.

7.2 – CONCEITO DE CRÉDITO PÚBLICO

Podemos, agora, conceituar *crédito público* como sendo a faculdade que tem o Estado de, com base na confiança que inspira e nas vantagens que oferece, obter, em empréstimo, recursos de quem deles dispõe, assumindo, em contrapartida, a obrigação de restituí-los nos prazo e condições fixados.

Não há dúvida que não basta a confiança que o Estado inspira para que obtenha, por empréstimo, os recursos de que necessita, pois necessário será que acene ao possuidor do capital com o oferecimento de vantagens tais que o sensibilize a fornecer o crédito.

O crédito público, desta maneira, consiste em um processo de que o Estado lança mão para obter recursos de que careça para a satisfação de suas necessidades, quando se mostra insuficiente o processo de utilização do tributo.

Os recursos auferidos pelo Estado em decorrência de empréstimo recebido não constituem receita pública, mas sim mera *entrada* ou *ingresso*, eis que não integram, de forma permanente, o patrimônio do Estado face à obrigação de sua restituição. Assim, como já foi visto anteriormente, receita pública é a entrada que, integrando-se no patrimônio público sem quaisquer reservas, condições ou correspondência no passivo, vem acrescer o seu vulto como elemento novo e positivo. Entretanto, a Lei nº 4.320 dá ao termo receita um sentido amplo, compreendendo toda a entrada de recursos nos cofres do Estado, pelo que, sob o ponto de vista legal, o empréstimo é considerado como receita de capital (§ 4º do art. 11).

7.3 - TÉCNICA DO CRÉDITO PÚBLICO

O Estado pode obter crédito público quer contraindo empréstimos a entidades públicas ou privadas, nacionais, estrangeiras ou internacionais, quer através da emissão de títulos colocados junto a tomadores privados de um determinado mercado.

7.4 - CONCEITO DE EMPRÉSTIMO PÚBLICO

Assim, *empréstimo público* é a operação pela qual o Estado recorre ao mercado interno ou externo em busca de recursos de que careça, face, normalmente, à insuficiência da receita fiscal, assumindo a obrigação de reembolsar o capital acrescido de vantagens, em determinadas condições por ele fixadas.

Empréstimo Público e Imposto

O empréstimo distingue-se do imposto porque este, independente de ser obtido compulsoriamente, não oferece promessa de devolução, enquanto o empréstimo depende da vontade do mutuante em subscrever o empréstimo e se subordina à condição de devolução.

Assim, tal distinção fundamenta-se em considerar no empréstimo um caráter voluntário, contratual, enquanto o imposto tem um caráter de coercitividade.

Natureza Contratual do Empréstimo Público

Consideramos um ponto indiscutível que o empréstimo público encerra um caráter contratual, apesar de alguns autores negarem tal feição contratual sob o fundamento de que o empréstimo público é uma obrigação unilateral assumida pelo Estado, cuja fonte direta não é a vontade das partes, mas a lei. Não concordamos com tal entendimento porque, apesar de o empréstimo público decorrer de uma lei, o Estado fica impedido de alterar o seu regime que, depois de estabelecido, obriga a ambos os contratantes, o Estado e o particular.

Maurice Duverger, apesar de não discrepar do entendimento da quase totalidade dos autores a respeito do caráter contratual do empréstimo, chama atenção para o fato de que tal caráter por vezes se atenua, e afirma que a

diferença entre o privado e o público é ainda menos importante do que parece ao primeiro exame, pelas seguintes razões:
- a) quanto aos limites do caráter contratual, enquanto o empréstimo privado tem suas condições fixadas em conseqüência de comum acordo entre as partes, no empréstimo público o Estado fixa, unilateral-mente, as suas condições, cabendo, quando muito, ao subscritor aceitá-lo ou recusá-lo em bloco, ou seja, sem poder discutir as suas condições; assim, caso se entenda que o empréstimo público é um contrato, ter--se-á de admitir que é um contrato especial porque somente uma de suas partes, o Estado, fixa as suas condições, e a aceitar-se, como pretendem alguns, que seria um "contrato de adesão", e existindo este nas relações entre particulares, como na venda a preço marcado e nas condições determinadas pelo vendedor, será indiscutível que a noção de contrato livremente ajustado é mais teórica que prática, pelo que desapareceria o aspecto voluntário que serve de base para distinguir o empréstimo público do imposto;
- b) no que diz respeito às exceções ao caráter contratual e voluntário do empréstimo, elas se apresentam de modo absoluto nos empréstimos obrigatórios e são mais relativas e mais limitadas nos empréstimos quase-obrigatórios, a saber: nos empréstimos obrigatórios, em que cada cidadão deve subscrever uma parcela do empréstimo proporcional à sua renda ou à sua fortuna, estaremos diante não de um empréstimo mas de um imposto extraordinário, embora com a obrigação de o Estado devolvê-lo em certo prazo, enquanto que nos empréstimos semi-obrigatórios, quando o cidadão é praticamente coagido a subscrevê-los, como no tempo de guerra, em que sofre os efeitos da propaganda e da pressão social sobre ele exercida, o caráter voluntário do empréstimo fica grandemente atenuado.

Obrigação do Estado de Devolver o Empréstimo

Por outro lado, em relação à obrigação que decorre do empréstimo para o Estado de devolver o seu valor nas condições fixadas, Duverger demonstra que ela pode desaparecer ou diminuir.

Diz-se que desaparece, nos Estados modernos, com a desvalorização da moeda em conseqüência da inflação acelerada, como ocorreu na Alemanha, em 1922, quando o marco ficou praticamente reduzido a zero, com o que o Estado alemão pôde reembolsar sua dívida fixada em marcos com um papel-moeda despido de qualquer valor, sem que, juridicamente, tenha rompido sua obrigação de devolução.

A referida obrigação pode também se reduzir de duas formas: a) *voluntariamente*, quando o Estado pede aos tomadores do empréstimo público uma redução das vantagens dadas, conferindo-lhes uma opção de reembolso imediato ou a redução das citadas vantagens; b) *compulsoriamente*, que só ocorre raramente, e resulta, na maioria das vezes, de uma desvalorização da moeda, conseqüência de uma inflação menos acelerada que a referida acima, como quando os preços se elevam, por exemplo, de trinta por cento em relação à data da subscrição do empréstimo, pelo que só se poderá comprar com a mesma quantidade de dinheiro existente na época da subscrição bens que custem no momento do resgate trinta por cento menos, embora o Estado continue a pagar a mesma quantia de juros aos subscritores e a lhes reembolsar a mesma quantidade nominal, fazendo com que eles, com as mesmas quantias, só possam adquirir trinta por cento menos de bens que eles poderiam fazê-lo quando da subscrição, tudo se passando, assim, como se a contrapartida de devolução por parte do Estado ficasse reduzida de trinta por cento.

Classificação do Empréstimo Público

O empréstimo público pode ser classificado dos seguintes modos:

1) em relação à *forma* de que se utiliza o Estado para sua obtenção, os empréstimos podem ser:
   a) *voluntários,* quando o Estado não se vale de qualquer coação para a sua subscrição, pois recorre ao mercado de capitais em busca dos recursos de que carece, podendo o contribuinte livremente optar em realizar ou não tal subscrição;
   b) *semi-obrigatórios* ou *patrióticos,* em que o Estado ainda não obriga a sua subscrição mas se utiliza, em determinadas situações especiais, como no tempo de guerra, de uma coação indireta, como a que resulta da propaganda, do apelo ao patriotismo dos cidadãos e da pressão social sobre eles exercida;
2) em relação à origem do empréstimo, este pode ser:

a) *interno,* quando o Estado o obtém em seu próprio território, dentro de suas próprias fronteiras, pouco importando que provenha de cidadãos nacionais ou estrangeiros, ou b) *externo,* que é o obtido no exterior;
3) em relação **ao** *prazo* em que o empréstimo será resgatado, ele se divide em empréstimo a *prazo longo* ou a *prazo curto,* existindo, ainda, os denominados empréstimos perpétuos, que não apresentam data de resgate, ficando o Estado obrigado apenas a pagar, anualmente, uma renda ou juro aos subscritores;
4) quanto à *competência* da pessoa jurídica de direito público para a utilização do empréstimo público, o mesmo divide-se em federal, estadual e municipal.

Fases do Empréstimo Público

O empréstimo público compreende *duas fases* distintas, a emissão e a dívida pública.

A *emissão* corresponde ao seu lançamento, pelo qual o Estado exterioriza seu desejo de obter crédito e indica as condições em que se fará a subscrição, principalmente as vantagens que dela decorrerão para os subscritores.

A emissão pode ser *direta,* se o Estado lança, por conta própria, o empréstimo, servindo-se de subscrição, em que são estipuladas as condições da operação, ou mandando vender os títulos respectivos no Tesouro, nos bancos ou na Bolsa. É *indireta* se o empréstimo é lançado por meio de terceiros, já por força de concessão da emissão a um capitalista, já por adjudicação da mesma a quem oferecer mais vantagens e garantias. Neste último caso, os concessionários ou adjudicatários responderão pelo levantamento do capital necessário ou pela colocação dos títulos.

As Condições do Empréstimo Público

As *condições* do empréstimo público têm papel relevante para sua subscrição. Isso porque no empréstimo particular o juro é o único interesse oferecido ao mutuante, mas no empréstimo público o Estado deve tratar de oferecer outras vantagens para o sucesso da operação a que recorre, como, por exemplo, garantias contra a variação do valor da moeda, a fim de que o subscritor, quando do reembolso, não receba menos dinheiro que o emprestado.

As mencionadas *vantagens* podem ser assim resumidas:

a) colocação dos títulos "abaixo do par", como quando seu valor nominal é de 100, mas o Estado o lança por 80, obrigando-se, no entanto, a reembolsar o mutuante pelo seu valor nominal;
b) lançamento do título "ao par", ou seja, por seu valor nominal, obrigando-se o Estado a pagar ao mutuante quantia maior que ele emprestou;
c) obrigação do Estado, através da realização de sorteios periódicos, reembolsar imediatamente os subscritores que forem premiados, sem esperar pelo decurso do prazo fixado, correspondendo aos denominados empréstimos de loterias;
d) concessão de direito aos subscritores de pagarem tributos ou outras dívidas com os títulos representativos do empréstimo, tomando por base seus valores nominais, que, se forem inferiores aos estabelecidos na Bolsa, beneficiarão os mutuantes;
e) concessão de privilégios fiscais aos mutuantes, como isenção fiscal dos rendimentos produzidos pelos títulos quanto ao juro ou quanto à sua renegociação;
f) atribuição de determinadas vantagens jurídicas aos títulos, como, por exemplo, sua impenhorabilidade.

Garantias do Empréstimo Público

Todavia, não basta somente que o Estado ofereça vantagens ao subscritor do título, pois deve também garantir-lhe não só o reembolso do capital mutuado, como igualmente que este não será afetado pela desvalorização da moeda. Tais *garantias* consistem basicamente no seguinte:

a) garantias reais, muito usadas na Idade Média, quando o Estado dava em hipoteca, em favor do mutuante, castelos, terras, etc., estando hoje em desuso;
b) garantias dadas por terceiro de que o mutuante receberá o capital mutuado caso o Estado não honre seu compromisso, modalidade esta que também não mais é usada;
e) garantias vinculadas, quando determinada renda do Estado, geralmente de ordem fiscal, fica vinculada ao pagamento do empréstimo;

d) garantias de câmbio, consistentes em uma cláusula inserida nos contratos de empréstimo, pela qual, tendo em vista que geralmente os mutuantes têm mais confiança no valor da moeda estrangeira que no da nacional, o Estado se obriga a reembolsar ao mutuante o capital emprestado, tomando por base, na época do reembolso, o valor de determinada moeda estrangeira;
e) inserção nos contratos da denominada "cláusula ouro", pela qual o Estado vincula o pagamento da dívida pública ao valor internacional do ouro que vigora na data do pagamento;
f) garantia existente nos empréstimos "indexados", em que o valor do empréstimo fica vinculado ao preço de determinados produtos ou serviços, como carvão, eletricidade, ferroviário, etc.

As três primeiras garantias visam a dar segurança ao mutuante de que ele receberá o capital fornecido ao Estado, enquanto as demais visam a prevenir os efeitos da desvalorização da moeda.

Amortização do Empréstimo

Os modos clássicos de resgate dos empréstimos públicos, conforme Aliomar Baleeiro, são os seguintes:

"a) simultaneamente: todos os títulos são resgatados duma só vez na data do vencimento;
b) em série por sorteios periódicos; o Tesouro, a partir de certa data, sorteia todos os anos uma série de títulos para resgate, até que se extinga toda a obrigação;
e) anuidades termináveis: juros e amortizações são pagos ao longo de um período em prestações iguais até completa liquidação da dívida, de sorte que, na marcha do tempo, a parcela do capital restituído é cada vez maior, segundo a Tabela Price;
d) rendas vitalícias: forma européia antiga em que o Tesouro se obrigava a pagar uma prestação até o fim da vida do subscritor, extinguindo-se a dívida com a morte deste ou do beneficiário;

e) pelos saldos orçamentários: o Tesouro, a seu critério, compra os títulos em Bolsa, o que naturalmente só lhe interessa fazer por cotações inferiores ao valor nominal".

7.5 – CONVERSÃO DO EMPRÉSTIMO

Conceito
Conversão é a alteração feita pelo Estado, após a emissão, de qualquer das condições fixadas para a obtenção do crédito público, objetivando diminuir a carga anual do encargo que ele tem de suportar, em contrapartida à subscrição.

A conversão deve ser examinada sob seus aspectos jurídico e econômico-financeiro.

Aspecto jurídico
Quanto ao aspecto jurídico, distinguem-se normalmente três *tipos* de conversão:

a) *forçada*, em que o Estado impõe ao mutuante a substituição do título primitivo por um novo, que oferece menor vantagem que o anterior, podendo tal imposição ser feita indiretamente, quando, por exemplo, o Estado não obriga a referida substituição, mas decreta a caducidade dos títulos que não forem substituídos; tal modalidade de conversão atenta contra o direito adquirido do mutuante e é repelida nos países em que os tribunais controlam a constitucionalidade das leis;

b) *facultativa*, em que o Estado concede ao mutuante, sem qualquer coação direta ou indireta, o direito de escolher entre continuar com seu título primitivo ou receber, em substituição, um novo título que não lhe retire qualquer vantagem do anterior, como, por exemplo, o título novo concede ao Estado um prazo maior de resgate em troca de uma vantagem de juro maior em favor do mutuante;

c) *obrigatória*, em que o Estado concede também ao mutuante um direito de opção, consistente em aceitar a substituição de seu título por um outro que lhe ofereça uma vantagem menor ou ser reembolsado do valor do título anterior.

Aspecto Econômico-Financeiro

Sob o ponto de vista *econômico e financeiro,* para que a conversão obtenha sucesso, necessário se torna que os novos títulos oferecidos, em substituição, pelo Estado, concedam vantagem menor que aquela que esteja sendo, no mesmo momento, concedida por outros títulos vendidos na Bolsa. Do contrário, o mutuante preferirá o reembolso que lhe permitirá, de imediato, comprar na Bolsa os referidos títulos para ser beneficiado por um interesse maior.

Repúdio da Dívida

Por outro lado, ocorre o *repúdio* da dívida quando o Estado, independentemente da vontade do subscritor do empréstimo, cancela a dívida ou altera as suas condições, impondo novas condições que lhe pareçam mais favoráveis, podendo o repúdio se referir ao capital ou ao juro.

A *desvantagem* do repúdio consiste em desmerecer a confiança que o subscritor havia depositado no Estado, o que pode trazer dificuldades no caso do Estado necessitar de novos empréstimos.

7.6 – A DÍVIDA PÚBLICA

Sentidos Lato e Estrito da Expressão

A expressão *dívida pública* pode ser considerada em dois sentidos diversos. Em sentido *lato,* compreende todas as obrigações do Estado para com seus credores, seja qual for a sua origem, como caução, depósito, prestação de serviços, fianças, pensões, aposentadorias, fornecimento de bens, sentenças judiciais ordenatórias de pagamentos ou empréstimos. Em sentido *estrito,* no entanto, a dívida pública é aquela cuja obrigação de pagamento decorra apenas de empréstimos. No caso, interessa-nos somente a dívida pública entendida estritamente.

Classificação

A dívida pública admite várias *classificações,* que variam em razão do aspecto que se pretenda pôr em relevo.

Dívida Interna e Externa

Considerando-se a sua *origem territorial,* a dívida pública é denominada *interna* quando decorre de obrigação assumida no próprio território do Estado, inclusive mediante colocação de títulos no mercado de capitais através do Banco Central (CF, art. 164), pouco importando que os credores sejam nacionais ou estrangeiros. Diz-se *externa* a dívida pública em que a obrigação foi assumida pelo Estado fora dos limites de seu território.

Dívida Administrativa e Financeira

A dívida pública pode ser classificada ainda em razão da *necessidade ou não de lei especial.* Assim, dívida *administrativa* é a que depende de lei especial e resulta do simples desempenho das finalidades próprias dos ramos da administração. Por outro lado, dívida *pública financeira* é a que resulta de empréstimo público devidamente autorizado por lei especial.

Na Constituição de 1988

A Constituição atual, em seu art. 24, I, confere à União, aos Estados e ao Distrito Federal competência para legislar concorrente-mente sobre direito financeiro, observadas as seguintes regras: a) no âmbito da legislação concorrente, a competência da União limitar-se-á a estabelecer normas gerais; b) tal competência não exclui a competência suplementar dos Estados; c) inexistindo lei federal sobre normas gerais, os Estados exercerão a competência legislativa plena, para atender a suas peculiaridades; d) a superveniência de lei federal sobre normas gerais suspende a eficácia da lei estadual, no que lhe for contrário.

Por sua vez, o art. 163 (incisos I a IV) prescreve que lei complementar disporá sobre finanças públicas; dívida pública externa e interna, incluída a das autarquias, fundações e demais entidades controladas pelo Poder Público; concessão de garantias pelas entidades públicas, e emissão e resgate de títulos da dívida pública.

Versando ainda sobre matéria de crédito público, a Constituição de 1988 dispõe ainda o seguinte:

a) competência do Congresso Nacional, com a sanção do Presidente da República, para dispor sobre moeda, seus limites de emissão, e montante da dívida mobiliária federal (art. 48, XIV);

b) competência privativa do Senado Federal para autorizar operações externas de natureza financeira, de interesse da União, dos Estados, do Distrito Federal, dos Territórios e dos Municípios; fixar, por proposta do Presidente da República, limites globais para o montante da dívida consolidada da União, dos Estados, do Distrito Federal e dos Municípios; dispor sobre limites globais e condições para as operações de crédito externo e interno da União, dos Estados, do Distrito Federal e dos Municípios, de suas autarquias e demais entidades controladas pelo Poder Público Federal; dispor sobre limites e condições para a concessão de garantia da União em operações de crédito externo e interno; estabelecer limites globais e condições para o montante da dívida mobiliária dos Estados, do Distrito Federal e dos Municípios (art. 52, incisos V a IX);

c) vedação de prestação de garantias às operações de crédito por antecipação da receita (art. 167, IV).

Por outro lado, o art. 34, V, *a*, permite que a União possa intervir nos Estados e no Distrito Federal para reorganizar as finanças da unidade da Federação que suspender o pagamento da dívida fundada por mais de dois anos consecutivos, salvo motivo de força maior. Da mesma forma, o art. 35, I, estatui que o Estado não intervirá em seus Municípios, nem a União nos Municípios localizados em Território Federal, exceto quando deixar de ser paga, sem motivo de força maior, por dois anos consecutivos, a dívida fundada.

NOTA FINAL

Alguns autores consideram o Direito Econômico como surgido na década de vinte do século passado, quando, após a Primeira Guerra, as condições econômicas dos países e, conseqüentemente, de sua população estavam completamente desfavoráveis, chegando este desequilíbrio a culminar na famosa crise de 1929.

Alternativas foram-se criando para o contorno daquela instabilidade financeira e recessão por que se passava. Dentre elas surgiram as socializações, a reforma agrária, o controle de preços e de câmbios. Todas essas situações tratavam de questões econômicas, não tendo sido cabíveis em nenhum dos ramos do Direito vigente à época. Seu agrupamento, apesar de não codificado, teria originado o Direito Econômico.

Sabe-se que essas alternativas não surgiram sem precedentes. Situações fáticas já ocorriam em que eram aplicadas, não sendo, no entanto, em sua grande parte, legisladas. As suas primeiras formalizações, de caráter mais amplo do que um mero acordo *inter partis*, foram as Constituições Sociais do México (1917) e de Weimar (1919). Esta última teve uma abrangência maior por influenciar um continente mais desenvolvido à época, que pôde acompanhar sua evolução em maior ou menor grau, de acordo com o país.

Com a inserção, portanto, de novos direitos relativos à atividade econômica, originados após o surgimento do neo-liberalismo, percebeu-se ser necessária a conservação de determinada flexibilidade no tocante à esta matéria, de forma a se permitirem eventuais adaptações ligadas às evoluções e modificações constantes referentes ao tema.

Destarte, com a constituição de uma disciplina jurídica específica, denominada Direito Econômico, seria possível a *institucionalização* de normas e regras, superando-se o mero *contratualismo*. Este ramo do Direito viria, exatamente, a ajustar os mutantes quadros sociais à economia, na medida julgada oportuna. A autonomia deste foi imposta pela realidade social.

De qualquer forma, a preocupação com o aparecimento de uma nova divisão didática do Direito, teria apenas surgido após a chegada do constitucionalismo social.

No entanto, no âmbito brasileiro, somente na Constituição Federal de 1988 foi o Direito Econômico nominal e positivamente incluído, em seu art. 24, o qual declara, em seu inciso I, competir concorrentemente à União, Estados e Distrito Federal legislar sobre o mesmo.

Assim sendo, a União é competente para o estabelecimento de normas gerais (art. 24, § 1º), cabendo aos Estados a competência suplementar em tais casos (art. 24, § 2º). Em não havendo normas gerais sobre determinado tema, os Estados exercerão competência legislativa plena sob suas peculiaridades (art. 24, § 3º), sendo a eficácia da lei estadual suspensa quando da superveniência de lei federal (art. 24, § 4º).

O Direito Econômico, como ramo autônomo, tem como conteúdo específico de suas normas, as atividades econômicas ocorrentes no mercado, sejam elas provenientes do setor privado ou público. Naturalmente, por ser o Direito uma ciência una, os ramos, convenções estabelecidas com fins meramente didáticos, interligam-se.

Assim, o Direito Administrativo, o Direito Constitucional e tantos outros, tratam de matérias relativas às atividades econômicas existentes. No entanto, apenas o Direito Econômico as adota com primazia, considerando a regulamentação destas de modo a torná-las uma *política econômica* objeto exclusivo seu. Sua finalidade é, dessa forma, regulamentar a atividade econômica do mercado, estabelecendo limites e parâmetros para empresas privadas e públicas. Ele trata de estabelecer uma política econômica no sentido de concretização dos ditames e princípios constitucionais.

Tome-se como exemplo ilustrativo a questão da 'compra e venda'. Tanto é regulada pelo Direito Civil, quanto pelo Econômico. Pelo primeiro no sentido de se estabelecerem normas regentes da relação contratual privatística entre comprador e vendedor. Pelo último, na medida em que se dispõem regras determinadoras da relação de consumo, tendo em vista a proteção dos direitos e interesses dos consumidores.

Por *política econômica* se deve entender como a reunião das prioridades, medidas e metas econômicas traçadas e executadas, de forma a se atingirem os objetivos de determinada ideologia vigente. É a superação dos limites dos interesses privados ou dos conflitos destes com os públicos. Constitui-se o tratamento sistêmico de todas estas questões, com uma dimensão global. Para tanto, carece de ser devidamente regulamentada, de maneira a gerar a devida segurança jurídica não apenas de seu cumprimento, como de sua restrição aos limites preestabelecidos.

Além disso, é somente através do Direito Econômico que se aplicam normas próprias a essas várias situações econômicas, muitas vezes abordadas pelos demais ramos do Direito. Estas normas encontram-se em estrita conformidade com suas regras exclusivas, a partir de uma regulamentação jurídica da política econômica. E esta política econômica é definida com base na ideologia existente na Constituição.

Nota-se que o Direito Econômico tem como característica marcante a efemeridade de suas normas, a flexibilidade das mesmas. Efemeridade devido ao fato de que elas são, necessariamente, adstritas à ideologia de determinada constituição. Revogada ou reformada esta, acrescentando-se palpáveis modificações em termos ideológicos, conseqüentemente, muda-se aquela, para que, novamente, adeque-se à nova ordem.

Os agentes econômicos, ou seja, os sujeitos das atividades econômicas são os indivíduos particulares, o Estado, as empresas, os órgãos nacionais, internacionais e comunitários, bem como os titulares de direitos difusos e coletivos.

Nota-se que a gama de sujeitos é bastante ampla. Dessa forma, o Direito Econômico atua no sentido de conciliar os interesses econômicos de todos eles por meio da política econômica elaborada.

O Direito Econômico busca harmonizar as medidas de política econômica públicas e privadas, através do princípio da economicidade, com a ideologia constitucionalmente adotada.

O *princípio da economicidade* é aquele através do qual se busca a concretização dos objetivos constitucionalmente traçados por uma *linha de maior vantagem*, isto é, de forma mais viável possível para o suprimento de determinada necessidade, seja esta de que ordem for, não apenas patrimonial, mas também social, política, cultural, moral.

Muitas vezes, a solução mais vantajosa para a situação não se trata daquela mais lucrativa em termos financeiros, capitalistas. Tudo dependerá da finalidade que se busca atingir. Se se almeja, por exemplo, o alcance da instalação telefônica em meios rurais de difícil acesso, apesar de ser uma obra extremamente dispendiosa e de pouco retorno financeiro, em se concretizando tal meta, o objetivo social terá sido realizado, embora não sejam auferidos lucros em matéria de rendas e sim de benefícios para a população.

Dessa maneira, o sentido do termo 'economicidade' é muito mais amplo do que simplesmente 'econômico' , o qual se liga, intrinsecamente, à idéia material de lucro, de finanças.

Simultaneamente, por assumir como tema a ideologia constitucional adotada, assunto suscetível de contínuas modificações, o emprego deste princípio vem a corresponder à necessidade de flexibilidade das normas de Direito Econômico face às diversas circunstâncias com que este se depara, ao longo da trajetória econômica de um país. Um mesmo fato em contextos distintos pode levar a decisões inteiramente contrárias, sem a ocorrência de qualquer contradição. Trata-se de simples ajuste ao dispositivo constitucional adequado para situações individualizadas, realizado pelo instrumento harmonizador da economicidade.

Essa 'maior vantagem' há de ser adequada aos objetivos constitucionalmente definidos. Permite, destarte, a opção mais justa ou recomendável, em política econômica, a ser realizada pelo aplicador ou intérprete da norma, quando da realização concreta de situações hipoteticamente previstas. O ideal é que se consiga conciliar aquilo tomado como *certo* economicamente, com o considerado *justo* juridicamente. Em caso de incompatibilidade, deve prevalecer o justo. Afinal a 'linha de maior vantagem' é pautada em temos do 'valor justiça'. Restringe-se o arbítrio, o poder de decidir do aplicador, o qual se deve ater às disposições constitucionais e princípios hermenêuticos, preterindo-se qualquer subjetividade.

A *ideologia constitucionalmente adotada* é o conjunto de princípios, fundamentos e regras dispostos na Constituição vigente em determinado Estado em um dado momento de sua história. Na hipótese de se tratar de um país onde vigore o Direito Consuetudinário, para a identificação da ideologia adotada, devem-se analisar e considerar os 'princípios gerais aceitos' naquele contexto. No caso brasileiro atual, a ideologia que se adotou com a Constituição Federal de 1988 foi a neo-liberal, isto é, conciliaram-se ditames puramente liberais com outros socializantes. Se se considerar a Constituição Federal de 1891, notar-se-á, claramente, a ideologia estritamente liberal da mesma.

Não é necessária, portanto, para a constituição de uma ideologia constitucional, a pureza dos modelos e princípios ideológicos. Tanto modelos ideológicos puros, quanto mistos, podem ser absorvidos, de modo completo ou parcial, pela Constituição.

É através da identificação da ideologia acolhida pela Lei Maior que se conseguirá ter a noção da unidade da ordem jurídica, de forma a se perceber que esta não se trata, apenas, de uma somatória de normas, mas sim de um conjunto uno, coeso e coerente.

Na presente Constituição, os elementos componentes da atual ideologia encontram-se, em sua maior parte, reunidos em seu Título VIII, da Ordem Econômica e Financeira, embora haja disposições esparsas em outras partes do texto constitucional. O conjunto de temas econômicos, estejam ou não concentrados em determinado capítulo ou título do texto constitucional, recebe o nome de *Constituição Econômica*.

Enfim, pode-se concluir que o Direito Econômico é o ramo do Direito que tem por objeto a regulamentação da política econômica e por sujeito o agente que dela participe. Como tal, é um conjunto de normas de conteúdo econômico que assegura a defesa e harmonia dos interesses individuais e coletivos, de acordo com a ideologia adotada na ordem jurídica. Para tanto, utiliza-se do "princípio da economicidade".

Também se pode valer de organismos criados para a prática de atividade econômica ao lado dos particulares e nas mesmas condições destes, como as Sociedades de Economia Mista e as Empresas Públicas.

Essa forma de intervenção não é recente na realidade brasileira, datando a criação destas duas últimas figuras da Revolução de 30. Fundaram-se Institutos, como o do Café, do Mate, do Pinho, do Cacau, do Açúcar, do Álcool, dentre outros, cuja função era a orientação das respectivas políticas econômicas praticadas. Além da adoção de Comissões, como as de Preços, com o poder de os tabelar e fiscalizar, de Defesa de Capitais Nacionais, de Política Agrária, de Planejamento e outras.

A política estatal intervencionista somente veio a compor a legislação constitucional brasileira com o texto de 1934, na qual se inseriu o título "Da Ordem Econômica e Social", haja vista que aquelas de 1824 e 1891 se adequavam à ideologia liberal pura do século XIX.

Foi então que se estabeleceram monopólios de determinadas atividades econômicas por 'motivo de interesse público'; retiraram-se bens do domínio de ação da propriedade privada, como as jazidas; além de se determinarem a promoção ou fomento da economia popular. A partir desta Carta Magna, todas as seguintes abordaram esta questão.

O atual texto constitucional dispõe, inclusive, sobre a maneira pela qual o Estado atuará como agente normativo e regulamentador da atividade econômica, exercendo funções de *fiscalização, incentivo* e *planejamento*, sendo este determinante para o setor público e indicativo para o setor privado (art. 174).

Importante se ressaltar que a intervenção não se efetiva apenas no sentido de controlar ou impedir medidas concentracionistas, mas também na direção contrária, isto é, de a estimular, por meio de incentivos fiscais e creditícios, bem como permissões legais para tais práticas.

BIBLIOGRAFIA

ABRÃO, Nelson, *Direito Bancário*. 14. Ed. São Paulo, Saraiva, 2011.
_____. *Sociedades Limitadas*. 10. Ed. São Paulo, Saraiva, 2013.
ALMEIDA, Amador Paes. *Curso de Falência e Recuperação de Empresa*. 27. Ed. São Paulo, Saraiva. 2013.
ALMEIDA, João Batista. *Manual de Direito do Consumidor*. 5. Ed. São Paulo, Saraiva. 2010.
ALMEIDA GUILHERME, Luis Fernando do Vale. *Manual de Arbitragem*. 3ª Ed. São Paulo: Saraiva, 2012.
AVVAD, Pedro Elias. *Direito Imobiliário: Teoria Geral e Negócios Imobiliários*. 3. Ed. São Paulo, Gen Forense. 2013.
BARROSO, Luis Roberto. *Interpretação e aplicação da Constituição*. São Paulo, Saraiva, 1996.
BANDEIRA DE MELLO, Celso Antonio. *Curso de Direito Administrativo*. 17. Ed. São Paulo, Malheiros Ed., 2004.
BARBIERI FILHO, Carlos. *Disciplina Jurídica da Concorrência*. São Paulo, Resenha Tributária. 1984.
BASTOS, Celso Ribeiro. *Curso de Direito Constitucional*. 14. Ed. São Paulo, Saraiva, 1992.
BITTAR, Carlos Alberto. *Direito de Autor*. São Paulo: Forense Universitária, 2000.
BONAVIDES, Paulo. *Curso de Direito Constitucional*. 5. Ed. São Paulo, Malheiros Ed., 1994.
BULGARELLI, Waldirio. *A teoria jurídica da empresa: Análise Jurídica da Empresarialidade*. São Paulo: RT Editora, 1985.
CAHALI, Francisco José. *Curso de Arbitragem*. 2ª Ed. São Paulo: RT Editora, 2012.
CARMONA, Carlos Alberto. *Arbitragem e Processo*. 3ª Ed. São Paulo: Atlas, 2009.
CARRAZZA, Roque. *Curso de Direito Constitucional Tributário*. 3. Ed. São Paulo, Revista dos Tribunais.
CASTRO, Daniel Aureo de. *Coleção Prática do Direito, Direito Imobiliário – vol. 15*. 2. Ed. São Paulo, Saraiva. 2012.
CARVALHO, Paulo de Barros. *Curso de Direito Tributário*. 15. Ed. São Paulo, Saraiva, 2003.
COELHO, Fábio Ulhoa. *Curso de Direito Empresarial*. 25. Ed. São Paulo, Saraiva. 2013.
_____. *Curso de Direito Empresarial*. Vol. I, II e III. 17. Ed. São Paulo, Saraiva. 2013.

DALLATI, Dalmo de Abreu. *Elementos de Teoria Geral do Estado*. 11. Ed. São Paulo, Saraiva, 1985.

EIZIRIK, Nelson. *A nova Lei das S/A*. São Paulo, Saraiva, 2011.

FIORILLO, Celso Antonio Pacheco. *Curso de Direito Ambiental Brasileiro*. 13. Ed. São Paulo, Saraiva, 2012.

FRAGOSO, João H. R. da Rocha. *Direito Autoral, da antiguidade à internet*. São Paulo: Quartier Latin, 2009.

GRAU, Eros Roberto. *A Ordem Econômica na Constituição de 1988*. 3. Ed. São Paulo, Malheiros Ed.

GRINOVER, Ada Pellegrini. *A Tutela dos Interesses Difusos*. São Paulo, Max Limonad, 1984.

HERRERA, Alejandra. *Introdução ao estudo da Lei Geral de Telecomunicações do Brasil*. São Paulo: Singular, 2001.

MACHADO, Hugo de Brito. *Curso de Direito Tributário*. 13. Ed. São Paulo, Malheiros Ed., 1998.

MARCATO, Antonio Carlos. *Procedimentos Especiais*. 4. Ed. São Paulo, Revista dos Tribunais.

MARTINS, Sérgio Pinto Martins. *Manual de Direito Tributário*. 11. Ed. São Paulo, Atlas Ed., 2011.

_____. *Direito do Trabalho*. 28. Ed. São Paulo, Atlas Ed., 2012.

_____. *Direito Processual do Trabalho*. 33. Ed. São Paulo, Atlas Ed., 2012.

_____. *Comentários à CLT*. 16. Ed. São Paulo, Atlas Ed., 2012.

NERY JUNIOR, Nelson. *Princípios do Processo Civil na Constituição Federal*. São Paulo, Revista dos Tribunais, 1992.

_____. *O Processo Civil no Código de Defesa do Consumidor*. Inédito, 1992.

NUNES, Rizzatto. *Comentários ao Código de Defesa do Consumidor*. 7. Ed. São Paulo, Saraiva. 2012.

_____. *Curso de Direito do Consumidor*. 8. Ed. São Paulo, Saraiva. 2012.

RAMIRES, Eduardo Augusto de Oliveira. *Direito das telecomunicações: a regulação para a competição*. Belo Horizonte: Fórum, 2005.

REQUIÃO, Rubens. *Curso de Direito Comercial*. Vol. I, II e III. 30. Ed. São Paulo, Saraiva, 2013.

ROSO, Jayme Vita. *Auditoria Jurídica em Migalhas I*. Recife, Edições Bagaço, 2007.

_____. *Auditoria Jurídica em Migalhas II*. Recife, Edições Bagaço, 2008.

_____. *Auditoria Jurídica em Migalhas III*. São Paulo, Scortecci Editora, 2010.

_____. *Auditoria Jurídica em Migalhas: Os caminhos da institucionalização*. Belo Horizonte, Armazém das Idéias, 2007.

NIARADI, George. *Investimentos Estrangeiros Diretos no Brasil*. Campinas, Millenium Editora, 2008.

KFOURI, Anis Jr. *Curso de Direito Tributário*. São Paulo, Saraiva, 2013.

SCAVONE, Luiz Antônio. *Manual de Arbitragem*, 4ª Ed. São Paulo: RT Editora, 2010.

_____. *Direito Imobiliário: Teoria e Prática*. 6. Ed. São Paulo, Gen Forense, 2013.

SILVEIRA, Newton. *Propriedade Intelectual*. São Paulo: Manole, 2011.

_____. *Direito de autor e desenho industrial*. São Paulo: RT Editora, 1982.

ÍNDICE

Dedicatória 5

Prefácio. 7

Apresentação 13

1 – Direito econômico 15
   1.1 – A introdução 15
   1.2 – A constituição federal de 1988 vs. A ordem econômica. 17
   1.3 – As caracteristicas do direito economico 22
   1.4 – Os principios do direito economico 23
   1.5 – O direito econômico e o código civil 24
   1.6 – O oligopólio e as suas formas 25
      1.6.1 – Cartel 26
      1.6.2 – O truste 27
      1.6.3 – As holding. 28
      1.6.4 – O conglomerado 29
      1.6.5 – O dumping 30
   1.7 – A descentralização e a desconcentração 31
   1.8 – As autarquias 32
   1.9 – O estado e a ordem econômica 33
   1.10 – A empresa e o direito econômico 33
   1.11 – O artigo 173 da cf/88 34
   1.12 – Empresa pública 34
   1.13 – Sociedade de economia mista 35
   1.14 – O abuso do poder economico e adoção das medidas pertinentes 36

2 – O antitruste / concorrencial 37
   2.1 – Histórico a nível internacional. 37
   2.2 – O antitruste no brasil 38
   2.3 – O controle de condutas anticoncorrenciais. 45
   2.4 – As práticas restritivas horizontais 46
   2.5 – As práticas restritivas verticais 47
   2.6 – O controle estrutural ou controle da concentração empresarial 48
   2.7 – Atos de concentração. 50
   2.8 – Instrumentos consensuais 50
   2.9 – O cade como função de repressão 51
   2.10 – Procedimentos 52
   2.11 – A advocacia da concorrência 53

3 – A importância do artigo 170 da constituição federal. 57

4 – A defesa da concorrência 65

5 – A atividade financeira do estado – o direito penal econômico 79
   5.1 – Conceito. 79
   5.2 – Contextualização: razões que explicam o crescente interesse
       pelo direito penal econômico 80
   5.3 – Fundamentos do d. Penal econômico 81
      5.3.1 – Fundamentação material 81
      5.3.2 – Fundamentação legal 82
   5.4 – Bens e interesses protegidos pelas normas de direito penal econômico. . 82
   5.5 – A dogmática jurídico-penal diante do direito penal econômico:
       o conceito fragmentário do crime em face da criminalidade econômica .. 84
   5.6 – Tipicidade 85
      5.6.1 – Fato típico 85
      5.6.2 – Conduta 85
      5.6.3 – Resultado 86
      5.6.4 – Nexo causal 86
      5.6.5 – Tipicidade 87
      5.6.6 – Crimes de dano e crimes de perigo 87
      5.6.7 – Tipos penais abertos e fechados 88
   5.7 – Tipos penais abertos 88
   5.8 – Tipicidade omissiva 90
   5.9 – Crimes de perigo 90
   5.10 – Crimes formais 92
   5.11 – Normas penais em branco 92

5.12 – Excludentes de tipicidade 93
   5.12.1 – Atipicidade. 93
   5.12.2 – Circunstâncias excludentes da tipicidade 93
5.13 – Ilicitude 99
   5.13.1 – Conceito 99
   5.13.2 – Excludentes da ilicitude e sua relação com o d. Penal
       econômico 99
5.14 – Culpabilidade. 103
   5.14.1 – Conceito 103
   5.14.2 – Elementos de culpabilidade 104
   5.14.3 – Excludentes da culpabilidade em face da criminalidade
       econômica. 104
   5.14.4 – Responsabilidade penal pela atuação em nome de outrem. ... 105
   5.14.5 – Responsabilidade penal da pessoa jurídica 105

6 – O direito financeiro 107
6.1 – Origem e significado da palavra "finanças" 107
   6.1.1 – Finança provém do termo finatio 107
6.2 – Finanças públicas 108
6.3 – Evolução do conceito da atividade financeira do estado 108
   6.3.1 – Período clássico. 108
   6.3.2 – Período moderno 110
6.4 – O tributo com fim extrafiscal 112
6.5 – As formas de intervencionismo extrafiscal 113
6.6 – Necessidade pública e serviço público 114
   6.6.1 – Conceito de necessidade pública 114
   6.6.2 – Características da necessidade pública 114
   6.6.3 – Serviço público. 115
6.7 – Formas de atividade da administração. 115
   6.7.1 – Intervenção do estado no domínio econômico 115
   6.7.2 – Incentivo da atividade econômica. 117
   6.7.3 – Administração indireta 118
   6.7.4 – Atuação direta 118
   6.7.5 – Exercício do poder de polícia 119
   6.7.6 – Documentação jurídica 119
   6.7.7 – Atividade instrumental 119
   6.7.8 – Serviços públicos. 119
6.8 – Ciência das finanças e o direito financeiro 120
6.9 – Entrada e receita. 122
6.10 – A receita pública 123

6.10.1 – Classificação das receitas 123
6.11 – A lei complementar 101/2000 e a receita pública 125
6.12 – Receitas públicas tributárias 125
    6.12.1 – Introdução 125
    6.12.2 – Competência tributaria 125
        6.12.2.1 – Capacidade 125
        6.12.1.2 – Tributo. 126
        6.12.1.3 – Espécies tributárias 126
6.13 – Imposto 126
    6.13.1 – Classificação 126
6.14 – Taxas 126
    6.14.1 – Taxa e preço – tarifa 127
6.15 – Contribuição de melhoria 127
6.16 – A teoria dos preços. 127
6.17 – Receitas públicas não tributárias 130
6.18 – A lei 8.666/93: Lei das licitações 131
    6.18.1 – O uso de bem público 131
    6.18.2 – Receitas decorrentes de obras públicas. 132
    6.18.3 – Pedágio. 132
    6.18.4 – Transporte público. 132
    6.18.5 – Serviço de fornecimento de água e esgotos 133
6.19 – Despesa pública 133
    6.19.1 – Conceito 133
    6.19.2 – Decisão política. 134
    6.19.3 – Requisitos para a despesa. Vinculação constitucional 134
6.20 – Classificação. 135
    6.20.1 – Da despesa pública. Geração da despesa à luz da lei
             de responsabilidade fiscal 136
    6.20.2 – Despesa obrigatória de caráter continuado 136
    6.20.3 – Despesas com pessoal 136
    6.20.4 – Do controle da despesa total com pessoal. 137
    6.20.5 – Despesas com a seguridade social. 137
6.21 – O orçamento 138
    6.21.1 – Conceito 138
    6.21.2 – Evolução do conceito de orçamento 138
    6.21.3 – Controvérsias sobre a natureza jurídica do orçamento 139
    6.21.4 – Concepção moderna de orçamento. 140
    6.21.5 – Noção moderna de gasto público dentro do orçamento. 140
6.22 – Os princípios administrativos e o art. 37 Da cf 141
6.23 – Sistema de controle externo do orçamento 142

ÍNDICE

6.24 – Princípios orçamentários. 143
6.25 – As leis orçamentárias 144
6.26 – O plano plurianual. 144
6.27 – A lei de diretrizes orçamentárias 145
6.28 – O orçamento anual (fiscal, de investimento e da seguridade social) . 147
6.29 – A lei complementar financeira 148
6.30 – A tramitação legislativa. 148
    6.30.1 – Iniciativa 148
    6.30.2 – Mensagem aditiva 148
    6.30.3 – Comissão mista. 148
    6.30.4 – Emendas. 149
    6.30.5 – A não devolução do projeto no prazo ou sua rejeição
          total ou parcial 149
    6.30.6 – Vedações orçamentárias 149
    6.30.7 – Recursos dos três poderes 151
    6.30.8 – Despesa com pessoal 151
    6.30.9 – O orçamento e o tributo nele não previsto 151
    6.30.10 – Norma constitucional transitória 151
    6.30.11 – Desvinculação da receita da união. A liberdade outorgada
          por lei, ao chefe do executivo. 151
    6.30.12 – O orçamento participativo 152
6.31 – Problemas e divergências doutrinárias a respeito do orçamento . . . 152
    6.31.1 – Orçamento de competência e de caixa e os resíduos passivos . . 152
    6.31.2 – Cobrança de tributos não previstos na lei orçamentária anual . . 153
    6.31.3 – Alteração da lei orçamentária no curso do exercício 153
    6.31.4 – Iniciativa popular. 153
    6.31.5 – Orçamento base zero 153
6.32 – A lei 4.320/64 (Lei geral de orçamento) 154
6.33 – Fiscalização financeira e orçamentária. 158
    6.33.1 – Controle interno 159
    6.33.2 – Controle externo. 159
6.34 – Responsabilidade fiscal 160
    6.34.1 – Parâmetros gerais. 160
    6.34.2 – A federação brasileira e as normas gerais do direito financeiro . . 160
    6.34.3 – Lei de diretrizes orçamentárias 161
    6.34.4 – Pode o judiciário determinar a realização de obras ou serviços? . . 162
    6.34.5 – Prazos de encaminhamento dos projetos de lei orçamentária . . 163
    6.34.6 – Cumprimento de metas. 163
    6.34.7 – Renúncia de receita 165
    6.34.8 – Geração da despesa 165

6.34.9 – Despesa com pessoal. 166
6.34.10 – Do controle da despesa total com pessoal 167
6.34.11 – Despesas com seguridade social: prevista no art. 24. 168
6.34.12 – Das transferências voluntárias 168
6.34.13 – Da destinação de recursos públicos
para âmbito privado – art 26 da lrf. 168
6.34.14 – Dívida, endividamento. 169
6.34.15 – Da recondução da dívida aos limites – art 31 lrf 170
6.34.16 – Antecipação de crédito por antecipação
de receita orçamentária. 170
6.34.17 – Garantia e contragarantia – art 40 lrf 171
6.34.17.1 – Restos a pagar: 172
6.34.18 – Da gestão patrimonial 172
6.34.19 – Da transparência, controle e fiscalização 173
6.34.20 – Disposições finais e transitórias 175
6.35 – Tribunal de contas 176
6.36 – Precatórios 182
6.37 – Dívida pública e operações de crédito 189

7 – O crédito público. 193
7.1 – Noções gerais 193
7.2 – Conceito de crédito público 194
7.3 – Técnica do crédito público 195
7.4 – Conceito de empréstimo público. 195
7.5 – Conversão do empréstimo 201
7.6 – A dívida pública 202

Nota final. 205

Bibliografia. 211